맛있는 과학

디스커버리 에듀케이션
맛있는 과학 – 02 고체·액체·기체

1판 1쇄 발행 | 2011. 11. 4.
1판 13쇄 발행 | 2024. 9. 27.

발행처 김영사
발행인 박강휘
등록번호 제 406-2003-036호
등록일자 1979. 5. 17.
주　소 경기도 파주시 문발로 197(우 10881)
전　화 마케팅부 031-955-3100 편집부 031-955-3113~20
팩　스 031-955-3111

Photo copyright ⓒ Discovery Education, 2011
Korean copyright ⓒ Gimm-Young Publishers, Inc., Discovery Education Korea Funnybooks, 2011

값은 표지에 있습니다.
ISBN 978-89-349-5256-5 64400
ISBN 978-89-349-5254-1 (세트)

좋은 독자가 좋은 책을 만듭니다.
김영사는 독자 여러분의 의견에 항상 귀 기울이고 있습니다.
전자우편 book@gimmyoung.com | 홈페이지 www.gimmyoung.com

| 어린이제품 안전특별법에 의한 표시사항 | 제품명 도서　제조년월일 2024년 9월 27일
제조사명 김영사　주소 10881 경기도 파주시 문발로 197　전화번호 031-955-3100　제조국명 대한민국
사용 연령 8세 이상　⚠주의 책 모서리에 찍히거나 책장에 베이지 않게 조심하세요.

최고의 어린이 과학 콘텐츠
디스커버리 에듀케이션 정식 계약판!

Discovery EDUCATION

맛있는 과학

2 | 고체·액체·기체

문희숙 글 | 문미경 그림 | 류지윤 외 감수

주니어김영사

차례

1. 물질의 세 가지 모습

물질이 필요해요 8
물질에 대한 옛날 사람들의 생각 10
연속설과 입자설 12
물질의 세 가지 모습 15
- TIP 요건 몰랐지? 액정 19
- Q&A 꼭 알고 넘어가자! 20

2. 모습을 바꾸는 물질

물질이 모습을 바꾸어요 24
- TIP 요건 몰랐지? 하얀 연기의 정체 27

상태변화의 원인 28
- TIP 요건 몰랐지? 삼중점 30

상태변화의 영향 31
- Q&A 꼭 알고 넘어가자! 34

3. 상태변화와 열에너지

녹는점, 어는점, 끓는점 38
끓는 동안은 온도가 일정해요 40
물질마다 다른 끓는점과 녹는점 42
농도와 상태변화 44
압력과 상태변화 45
상태변화와 열에너지 48
- TIP 요건 몰랐지? 냉장고와 보일러 53
- Q&A 꼭 알고 넘어가자! 54

4. 여러 가지 고체

특별한 얼음 58
　　TIP 요건 몰랐지? 빙산의 일각 60
안개를 만드는 드라이아이스 61
아름다운 다이아몬드 63
멋쟁이 금속 65
합금과 도금의 차이 67
　　TIP 요건 몰랐지? 형상기억합금 69
플라스틱 세상 70
　　Q&A 꼭 알고 넘어가자! 72

5. 여러 가지 액체

소중한 물 76
　　TIP 요건 몰랐지? 표면장력 82
위험한 알코올 84
　　TIP 요건 몰랐지? 돌비 현상 87
액체 금속, 수은 88
투명한 유리 89
신기한 녹말 용액 91
　　Q&A 꼭 알고 넘어가자! 92

6. 여러 가지 기체

구름을 만드는 수증기 96
과자 봉지 안의 질소 97
우리 몸에 꼭 필요한 산소 98
산소보다 강한 일산화탄소 100
지구온난화의 범인, 이산화탄소 101
가장 가벼운 기체, 수소 104
두 번째로 가벼운 기체, 헬륨 106
LNG와 LPG 109
산성비의 원인, 이산화황 110
기체 모으기 111
　　TIP 요건 몰랐지? 담배 연기 113
　　Q&A 꼭 알고 넘어가자! 114

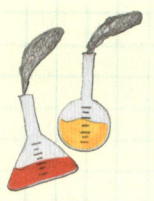

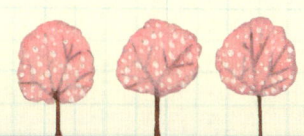

관련 교과
초등 3학년 1학기 1. 우리 생활과 물질
중학교 1학년 1. 물질의 세 가지 상태, 2. 분자의 운동
중학교 2학년 2. 물질의 구성
중학교 3학년 3. 물질의 구성

1. 물질의 세 가지 모습

여러분이 좋아하는 빵과 과자, 재미있는 게임기, 교실 안의 책상 등 이 모든 것은 물질로 되어 있습니다. 물질이 있기에 우리는 필요한 물체를 만들 수 있습니다. 그렇다면 물질이 무엇인지, 또 물질이 어떻게 이루어져 있는지 지금부터 알아보아요.

물질이 필요해요

물질이라는 말은 우리가 매우 자주 들어 온 단어입니다. 하지만 물질이 무슨 뜻이냐고 물으면 쉽게 답하지 못하지요. 그렇다면 질문을 조금 다르게 해 보겠습니다. 물질은 무엇이고 물체는 무엇인가요? 언뜻 듣기에 비슷한 말 같지만 엄연히 다른 뜻입니다. 물질이란, 물체를 이루는 재료를 말합니다. 어떤 것의 겉모습을 강조할 때에는 물체라고 부르고, 물체를 이루는 재료를 말할 때에는 물질이라고 합니다.

유리, 플라스틱, 고무 등 우리 주위에는 여러 가지 물질이 있습니다. 물질은 저마다 독특한 성질이 있습니다. 우리는 이 특성과 필요에 따라서 다양한 물체를 만들지요. 안이 훤히 들여다보이는 그릇을 만들고 싶다면 유리를 사용하고, 가벼운 그릇을 만들고 싶다면 플라스틱을 사용하지요. 여기에서 유리와 플라스틱은 물질이고, 그릇은 바로 물체가 되는 것입니다.

다른 예를 살펴볼까요?

맨 처음 수레가 만들어졌을 때, 수레의 바퀴는 나무로 만들었습니다. 하지만 나무는 쉽게 부서지고 충격을 흡수하지 못해 수레에 타는 사람은 덜컹거리는 진동 때문에 매우 불편했

아하, 물질은 물체를 이루는 재료이구나.

습니다. 지금은 수레, 자전거, 자동차 등 탈것의 바퀴는 모두 고무로 만듭니다. 고무는 질기고, 탄성이 강해 충격을 잘 흡수해 주기 때문입니다. 여러분이 즐겨 타는 인라인스케이트의 바퀴도 처음에는 플라스틱으로 만들었는데, 드르륵거리는 소음과 흔들림이 심해 지금은 특수 우레탄을 사용하여 만듭니다. 여기에서 물질은 무엇이고 물체는 무엇인가요? 그렇습니다. 나무·고무·우레탄은 물질이고, 바퀴는 물체입니다.

이제 물질의 뜻을 잘 이해했나요? 여러분 주위의 여러 물체를 관찰해 보고, 그 물체들은 어떤 물질로 만들어졌는지 생각해 보세요.

탄성

외부 힘으로 모양이 변한 물체가 힘이 제거되었을 때 원래 모양으로 되돌아가려는 성질을 말합니다. 일상생활에서는 고무나 용수철 등에서 쉽게 찾아볼 수 있습니다.

인라인스케이트의 바퀴는 물체이고, 바퀴의 재료인 우레탄은 물질이다.
ⓒ Toni-v@the Wikimedia Commons

# 물질에 대한 옛날 사람들의 생각

각각의 물체를 이루는 물질은 어떤 방식으로 존재할까요? 물질은 분자라는 아주 작은 알갱이로 이루어져 있습니다. 분자는 맨눈으로는 물론 일반 광학 현미경으로도 볼 수 없어요. 매우 작기 때문입니다.

처음부터 사람들은 물질이 분자로 이루어졌다고 생각하지는 않았습니다. 아주 오랜 옛날에도 물질이 어떤 식으로 이루어져 있는지 연구하는 사람들이 있었거든요.

탈레스는 기원전 6세기경 그리스에 살았던 철학자입니다. 탈레스는 모든 물질은 물로 이루어져 있다고 주장했기 때문에 물의 철학자라고도 불립니다. 물론, 지금 우리가 생각하기에는 터무니없게 들리는 주장이지요. 하지만 아무런 과학 지식이 없던 그 시대에 물질을 이루는 기본 성분이 무엇인지 고민했다는 사실은 대단한 일입니다. 식물과 동물을 이루는 대부분의 물질이 물이고, 바다·강 그리고 구름·눈·비와 같은 다양한 현상을 보면 물질을 이루는 기본 성분이 물이라는 생각도 그럴 듯합니다.

기원전 5세기경 엠페도클레스라는 철학자는 물질이 물뿐 아니라 불, 흙, 공기 등 네 가지 성분으로 되어 있다고 했습니다.

기원전 4세기에 살았던 아리스토텔레스도 물질은 물, 불, 흙, 공기로 이루어져 있다고 했습니다. 엠페도클레스와 차이점이 있다면 이것들은 차갑고, 따뜻하고, 건조하고, 습한 성질이 있으며, 이 물질들이 어떤 과정을 거치게 되면 서로 바뀔 수도 있다고 생각했다는 점입니다. 연금술은 바로 아리스토텔레스의 이런 생각을 이어받아 등장했습니다. 유럽 중세 시대에 번성했던 연금술은 납 같은 하찮은 금속을 금 같은 귀금속으로 바꾸려 했던 기술입니다. 연금술은 결국 성공하지 못했지만 연금술 덕택에 새로운 화학 물질이 발견되었고, 많은 실험 기구가 개발되었습니다. 근대 과학이 더 발전할 수 있는 기초가 되었지요.

연속설과 입자설

물질을 계속 쪼개면 어떻게 될까요? 아리스토텔레스는 물질을 쪼개고 쪼개어도 물질은 끝없이 무한하게 쪼개지다 사라진다고 믿었습니다. 물질은 연속적으로 이루어져 있다고 생각했지요. 아리스토텔레스의 이런 주장을 '연속설'이라고 합니다.

하지만 현대 과학을 배운 우리는 이 주장이 틀렸다는 것을 알고 있습니다. 물질에 대해서 우리와 비슷하게 생각했던 사람이 옛날에는 전혀 없었을까요?

아리스토텔레스가 태어나기 전, 그리스에 데모크리토스라는 철학자가 살았습니다. 데모크리토스는 아리스토텔레스와는 다르게 생각했습니다. 그는 물질을 쪼개고 쪼개면 어떤 한계에 도달해서 물질을 결정하는 알갱이가 있다고 생각했어요. 데모크리토스의 이런 주장을 '입자설'이라고 합니다.

물론 이 알갱이를 분자나 원자라고 부른 것은 현대에 와서입니다. 당시에는 그들의 주장을 가리키는 단어가 없었지요. 그뿐 아니라 당시 데모크리토스의 입자설은 받아들여지지 않았고, 2,000년 후에야 인정되었습니다. 이 입자설이 바로 근대 물질관의 기초가 되었습니다.

근대에 와서 아리스토텔레스와 데모크리토스에 이어 새로운 주장이 나왔습니다. 돌턴의 원자설과 아보가드로의 분자설입니다.

돌턴은 물질이 원자로 구성되었다고 했습니다. 돌턴의 원자는 현대의 원자와 뜻이 약간 다릅니다. 돌턴에 의하면 원자란 쪼개지지 않는 기본 입자입니다. 같은 원자는 질량과 크기가 같지만 다른 원자는 질량과 크기가 다릅니다. 또한 원자는 다른 원자로 변하지 않고, 새로 만들어지거나 갑자기 사라지지도 않는다고 했습니다. 하지만 새로운 물질이 만

원자

물질의 기본 구성 단위입니다. 하나의 핵과 이를 둘러싼 여러 개의 전자로 구성되어 있습니다. 한 개 또는 여러 개가 모여 분자를 이룹니다.

분자

물질에서 화학적 형태와 성질을 잃지 않고 분리될 수 있는 가장 작은 입자입니다. 한 개의 원자로 된 분자도 있지만 보통은 두 개 이상의 원자가 결합하여 이루어져 있습니다. 원자 수가 수천수만인 분자를 고분자라고 합니다.

존 돌턴.

들어질 때, 원자는 일정한 비율로 결합하는 법칙을 따른다고 했습니다.

돌턴과 다른 주장을 했던 사람은 아보가드로입니다. 아보가드로의 분자설은 말 그대로 물질이 원자가 아닌 분자 단위로 이루어져 있다는 주장입니다. 예를 들면, 수소 기체는 수소 원자 하나로 만들어지는 것이 아니라, 수소 원자 두 개가 한 덩어리(분자)를 이루어 이것이 수소 기체의 성질을 만든다고 했습니다. 그리고 온도와 압력이 같은 상황에서 모든 기체는 같은 부피에 같은 분자 수가 들어간다고 했습니다.

이 두 주장이 등장하면서 드디어 물질은 알갱이로 이루어져 있다는 주장이 확실히 굳어졌습니다.

물질의 세 가지 모습

물질은 늘 한 가지 모습일까요? 공기, 알코올, 나무, 돌은 항상 같은 모습으로만 존재할까요?

물을 떠올려 보면 그렇지 않다는 사실을 알 수 있습니다. 냉장고에 넣어 둔 물은 얼음이 됩니다. 그것을 다시 꺼내면 물이 되었다가 끓이면 수증기로 날아가지요. 이렇게 물은 하나가 아닌 세 가지 모습이 있습니다. 다른

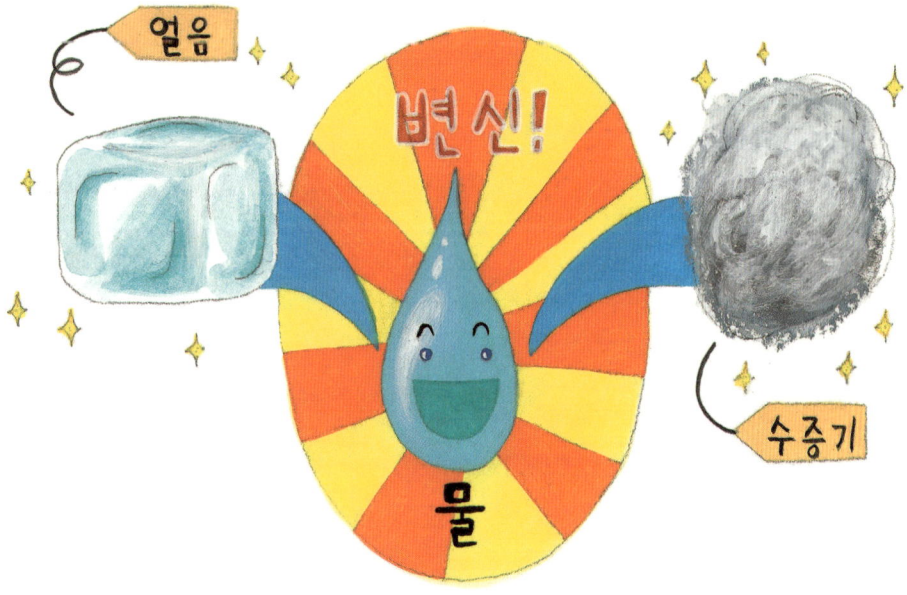

물질도 마찬가지입니다. 액체인 알코올도 얼리면 딱딱한 얼음이 되고, 알코올이 담긴 용기를 오랫동안 열어 놓으면 공기 속으로 알코올이 모두 날아갑니다. 나무와 돌도 조건만 갖추어지면 액체, 기체가 될 수 있습니다.

물질은 고체, 액체, 기체 이렇게 세 가지 모습이 있습니다. 이 세 가지 모습을 '상태'라고 부릅니다. 물질에 온도나 압력의 변화를 주면 세 가지 상태를 모두 경험할 수 있습니다. 그렇다면 어떤 기준으로 물질을 고체, 액체, 기체의 상태로 분류할까요?

고체는 어떤 그릇에 담아도 모양이 변하지 않습니다. 하지만 액체나 기체는 담는 그릇에 따라 모양이 다양해지지요. 또한 부피에 변화를 주려고 할 때, 고체와 액체는 그 변화가 작지만 기체는 매우 큽니다. 아래 표를 보면 더욱 잘 이해할 수 있습니다.

■ 상태에 따른 모양과 부피의 변화

	고체	액체	기체
모양	변하지 않음	변함	변함
부피	잘 변하지 않음	잘 변하지 않음	매우 잘 변함

왜 이런 차이가 생길까요? 물질을 이루는 분자의 세계로 들어가 보면 쉽게 이해할 수 있습니다. 세 가지 물질 상태는 분자들이 어떤 식으로 결합되느냐에 따라 결정됩니다. 학교생활을 떠올려 보면 상태에 따라 분자들이 어떻게 배열하는지 이해할 수 있습니다. 학생 한 명 한 명은 분자, 고체는 수업 시간, 액체는 쉬는 시간, 기체는 하교 시간에 비유할 수 있습니다.

　고체 상태에서 분자는 매우 규칙적으로 배열되어 있습니다. 그렇다고 해서 전혀 움직이지 않는 것은 아니에요. 수업 시간에 자기 자리에 앉아 고개를 돌리거나 손을 움직여 필기를 하듯 고체 상태에서 분자도 약간 움직이지요. 제자리에서 진동하면서 움직이는 거예요.

　액체 상태에서 분자는 고체 상태일 때보다 조금 더 활발하게 운동합니다. 자연히 고체 상태에서보다 더 불규칙하게 배열되어 있습니다. 액체 상태에서 분자는 고체 상태에서보다 자유롭기 때문에 흐르는 성질이 있고, 담기는 그릇에 따라 모양이 변합니다.

　기체 상태에서 분자는 가장 불규칙하게 배열되어 있어서 고체, 액체 상태의 분자에 비해 매우 활발하게 운동합니다. 차지하는 공간도 가장 크고, 분자 사이에 빈틈이 많아서 압축되기도 쉽습니다.

　지우개, 나무토막 같은 고체 모양이 쉽게 변하지 않는 것은 분자 사이의 인력이 크기 때문입니다. 기체는 분자 사이의 인력이 약하기 때문에 모양과 부피가 쉽게 변합니다. 액체는 고체와 기체의 중간 정도이지요.

　그렇다면 인력이란 무엇인가요?

　어떤 공간에서 떨어져 있는 물체끼리 서로 끌어당기는 힘입니다. 무게가

■ 물질의 상태에 따른 분자의 배열

상태	고체	액체	기체
분자의 배열	매우 규칙적임	고체보다 불규칙적임	매우 불규칙적임
분자 사이의 거리	매우 가까움	고체보다 멂	매우 멂
분자 사이의 인력	매우 강함	고체보다 약함	거의 없음

있는 모든 것 사이에서 생기는 힘으로서, 서로의 거리가 가까울수록 인력은 커집니다. 고체 상태에서 인력이 큰 까닭도 분자 사이의 거리가 가깝기 때문입니다. 반대로 기체 상태에서는 분자 사이의 거리가 가장 멀기 때문에 인력이 가장 약할 수밖에 없지요.

액정

세상에는 고체와 액체의 중간 상태로 존재하는 물질이 있습니다. 평상시에는 분자 배열이 불규칙한 액체 상태로 있다가 전압이나 열을 가하면 고체처럼 분자 배열이 규칙적인 상태로 바뀌지요. 이러한 것을 액상 결정이라고 하는데, 줄여서 액정(liquid crystal) 또는 LC라고 부릅니다.

액정을 이루는 분자는 가늘고 긴 막대 모양입니다. 액정은 전기나 온도, 압력에 민감하여 이에 따라 분자 배열도 쉽게 달라지지요. 이러한 성질 때문에 액정은 온도계, 휴대전화, 시계, 컴퓨터 모니터나 텔레비전 등에 많이 사용됩니다.

액정에 전압을 걸면, 불규칙하게 있던 분자들이 일정한 방향으로 배열됩니다. 분자 배열이 달라지면 액정을 통과하는 빛의 굴절, 반사, 투과하는 정도도 달라지기 때문에 액정은 노트북 모니터나 LCD(liquid crystal display), 텔레비전 등에 이용됩니다. LCD는 액정을 작동시키는 데 필요한 전압이 높지 않아 소비 전력이 낮으며, 얇고 가벼워서 휴대하기에도 좋습니다. 액정은 온도에 따라서 분자 배열이 달라지기도 합니다. 분자 배열이 바뀌면서 색이 변하는 성질을 이용한 도구에는 액정 온도계가 있습니다.

전압에 의해 분자 배열이 일정해지는 원리를 이용한 LCD 텔레비전.

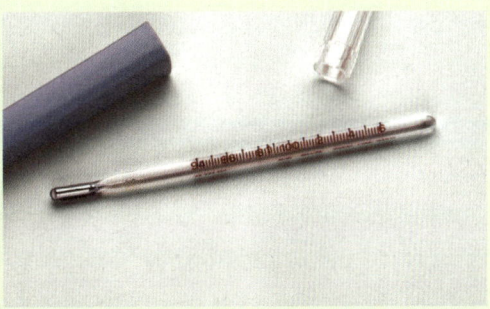

분자 배열이 바뀌면서 색깔이 변하는 성질을 이용한 액정 온도계. ⓒ Rahlgd@the Wikimedia Commons

문제 1 아리스토텔레스의 연속설과 데모크리토스의 입자설에 대해 설명해 보세요.

문제 2 물질 상태가 고체, 액체, 기체로 구분되는 기준은 무엇인가요?

3. 여러 알갱이로 고체에 액체와 증기 원자의 공간을 만들었습니다. 물질이 된 원자들 사이가 좁아지고 있을수 가 응집해 고체처럼 모여서 과학적으로 변환되고, 원자와 분자간의 민감하기 때문에 온도계, 온도세포를 감지 분자들이 분해하거나 감지합니다. 시계, 실험 등 문제해결에 응용 많이 사용됩니다.

● 문제 3 우리가 흔히 액정이라 부르는 액상 결정은 물질의 어떤 상태를 말하나요?

> **정답**
>
> 1. 일반적으로 물질의 상태는 고체, 액체, 기체의 3가지로 나뉘며, 물질을 구성하는 분자들이 이어져 있는 상태로 규정됩니다. 그러나 원자나 분자가 어떤 방식으로 결합되어 있는가에 따라 물질의 상태는 훨씬 다양해집니다.
>
> 2. 서너 가지 상태를 분자나열의 이론 시각으로 결합방식에 따라 정립합니다. 고체 상태에서 분자는 매우 빡빡하게 배열되어 있습니다. 액체 상태에서 분자는 움직임이 진동하지만, 고체 상태에서 분자는 매우 빡빡하게 배열되어 있습니다. 액체 상태에서 분자는 좀 더 활발하게 움직입니다. 액체 상태에서 분자는 유연이 있고, 분자가 상태에 매우 빡빡하게 배열되어 있습니다. 그리고 액체 상태에서 분자는 가장 강하게 운동합니다. 즉, 분자 사이에 틈이 많아 운동성이 강합니다.

관련 교과
초등 3학년 2학기 1. 액체와 기체의 부피
초등 4학년 1학기 4. 모습을 바꾸는 물
중학교 1학년 1. 물체의 세 가지 상태, 2. 분자의 운동

2. 모습을 바꾸는 물질

만약 물질이 고체, 액체, 기체 중 하나의 모습만 고집한다면 어떨까요? 물이 얼음으로 변하지 않는다면 우리는 스케이트를 탈 수 없을 테고, 아이스크림도 먹을 수 없어요. 물이 수증기로 변하지 않는다면 비 온 후에 땅은 늘 축축하게 젖어 있을 테고, 빨래가 마르지 않아 참 불편하겠지요. 물질이 모습을 바꿀 수 있다는 사실은 참 다행스러운 일이에요. 자, 이제 물질이 모습을 바꾸는 과정을 함께 알아보아요.

물질이 모습을 바꾸어요

물질은 상황에 따라서 모습이 달라집니다. 냉장고에 있던 얼음이 냉장고 밖으로 나오면 물이 되고, 이 물을 끓이면 수증기가 되지요. 이런 변화를 '상태변화'라고 합니다. 어떤 과정을 거쳐 상태가 변하느냐에 따라 상태변화의 이름이 달라져요. 상태변화의 이름은 아래의 그림과 같아요.

고체가 액체로 변하는 '융해'는 흔히 녹는다고 표현하지요. 액체가 고체로 변해 딱딱해지는 과정은 응고라고 해요. 액체와 기체 사이의 변화에는 '화'라는 글자가 있지요? 액체가 '기체로 변화'되면 줄여서 '기화',

■ 상태변화의 단계별 이름

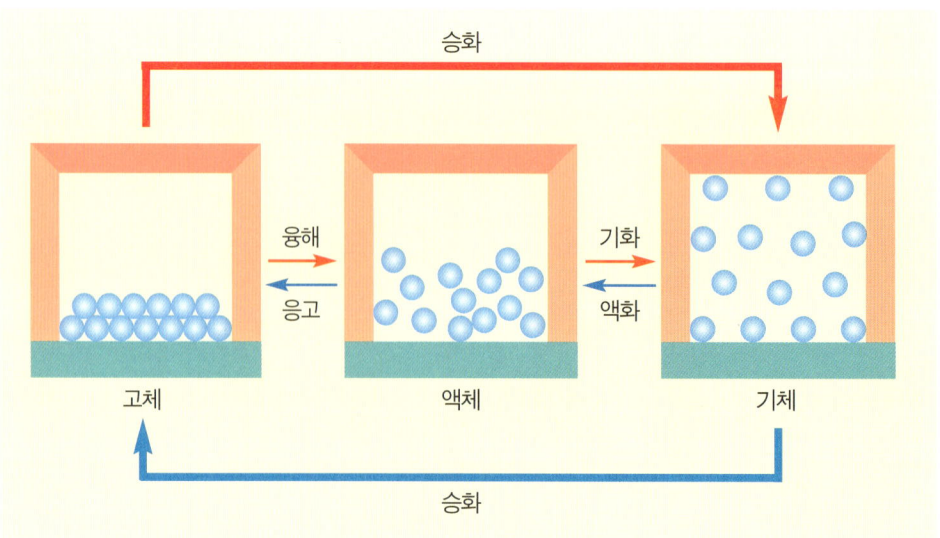

기체가 '액체로 변화'되면 줄여서 '액화'라고 합니다. 증발과 끓음은 모두 기화에 해당해요. 수증기가 응결된다고 할 때, 응결은 액화에 해당되지요. 고체와 기체 사이에서의 변화는 고체가 기체로 변하든 기체가 고체로 변하든 모두 승화라고 해요. 이 상태변화는 매우 드물어서 따로 구분하지 않고 똑같이 승화라고 부르지요. 고체가 기체로 되는 승화는 줄여서 기체로의 승화, 기체가 고체로 변하는 승화는 고체로의 승화라고 합니다.

승화가 일어나는 물질에는 드라이아이스, 나프탈렌, 요오드 같은 물질이 있습니다.

다음의 표를 보며 다양한 상태변화의 예를 이해하고, 그 밖의 다른 예도 찾아보세요.

융해와 용해

융해는 얼음이 녹는 현상과 같이 하나의 물질이 다른 상태로 모습을 바꾸는 상태변화입니다. 용해는 설탕이 물에 녹는 현상과 같이 두 가지 이상의 물질이 서로 섞이는 현상입니다.

증발과 끓음

증발은 액체의 표면에서 액체가 기체로 변하는 현상입니다. 끓음은 액체의 표면뿐만 아니라 액체의 내부에서도 동시에 액체가 기체로 변하는 현상입니다. 끓음은 끓는점이라는 온도에서 일어나는데, 증발은 끓는점 이하의 온도에서도 일어납니다. 하지만 둘 다 액체가 기체로 되는 기화 현상에 포함되지요.

초콜릿이 녹는 것은 융해 현상이다.
ⓒ Robin@the Wikimedia Commons

젖은 빨래가 마르는 것은 기화 현상이다.
ⓒ Daniel Schwen@the Wikimedia Commons

■ 다양한 상태변화

상태변화	상태변화의 예
융해	• 얼음이 녹아 물이 됩니다. • 양초가 녹아 촛농이 됩니다. • 초콜릿이 녹아 끈적끈적해집니다. • 고기에 있던 하얀 기름이 불판 위에서 녹아 액체가 됩니다.
응고	• 물이 얼어 얼음이 되고, 고드름이 생깁니다. • 촛농이 굳어 다시 초가 됩니다. • 고깃국에 떠 있던 액체가 굳어 기름 덩어리가 됩니다.
기화	• 물이 끓어 수증기가 됩니다. • 젖은 빨래가 마릅니다. • 알코올이 공기 속으로 사라집니다.
액화	• 수증기가 식어서 목욕탕 거울과 벽면에 물방울로 맺힙니다. • 수증기가 물로 식어서 구름, 안개, 이슬이 됩니다. • 수증기가 물로 식어서 안경에 김이 서립니다
승화	• 언 빨래가 마릅니다. • 성에나 서리가 생깁니다. • 나프탈렌 크기가 줄어듭니다. • 응달에 있던 눈의 양이 점점 줄어듭니다.

하얀 연기의 정체

주전자의 물이 끓을 때, 주전자 주둥이에 하얀 연기 같은 것이 보입니다. 이것은 무엇일까요? 주전자에서 물이 수증기로 끓어 나오면 수증기가 식게 됩니다. 주전자 주위의 하얀 것은 수증기가 식어서 액화된 물입니다.

공장 굴뚝에서 보이는 하얀 연기는 무엇일까요? 이것 역시 수증기가 액화되어 물이 된 것입니다. 물론 매연물질도 약간은 섞여 있겠지만 주로 물방울로 되어 있기 때문에 대부분 액체라고 할 수 있습니다.

그렇다면 드라이아이스 주변에 있는 하얀 연기는 무엇일까요? 드라이아이스는 이산화탄소를 고체로 만든 물체입니다. 그렇다고 이 하얀 연기의 정체가 이산화탄소는 아닙니다. 이산화탄소는 눈에 보이지 않으니까요. 이것 역시 드라이아이스 때문에 주위의 수증기가 식어서 변한 물방울이랍니다. 드라이아이스는 무대 효과를 줄 때 많이 사용하지요. 드라이아이스 속에서 오랫동안 활동하면 물방울로 몸과 옷이 눅눅해집니다.

그러고 보니 살펴본 모든 것이 수증기가 액화하여 물이 된 것들이네요. 우리는 이것들을 흔히 '김'이라고 부릅니다.

물이 끓는 주전자에서 나오는 연기, 공장 굴뚝의 연기, 하늘의 구름, 모두 수증기가 액화되어 물이 된 것이다.

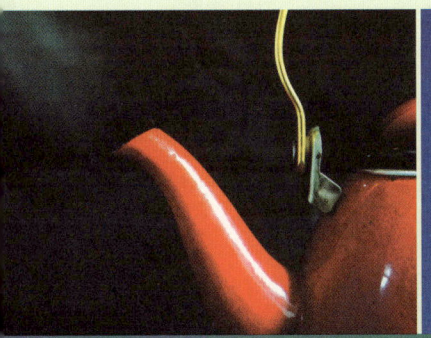

상태변화의 원인

상태변화는 왜 일어날까요? 상태변화를 일으키는 원인에는 두 가지가 있습니다. 바로 열과 압력입니다.

고체에 열을 가하면 분자들은 받은 열에너지를 분자들의 운동에너지로 저장합니다. 그래서 온도가 올라갈수록 분자들의 운동은 더욱 활발해져 들썩거리지요. 그러다가 액체와 기체 상태로 변합니다. 그런데 압력을 가하면 열을 가할 때와는 달리 반대 효과를 낳습니다. 고체에 더 큰 압력을 주면 분자 운동은 더욱 억압받게 됩니다. 따라서 고체에 압력을 준다고 해서 액체가

■ 각 상태변화에 따른 온도와 압력의 변화

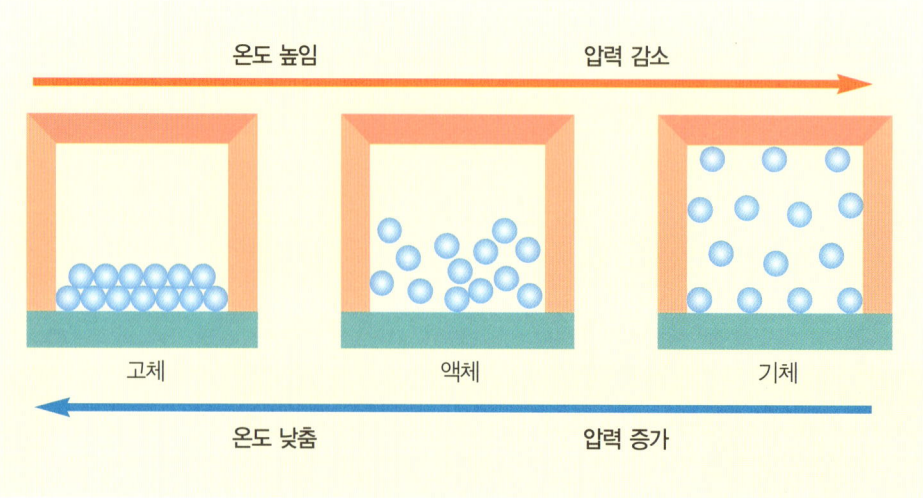

되지는 않습니다. 오히려 기체에 압력을 가하면 액체, 고체로 변화합니다. 고체를 액체나 기체로 변화시키려면 열과는 반대로 압력을 작게 주어야 합니다.

우리의 학교생활을 떠올려 보면 상태변화와 압력의 관계를 쉽게 이해할 수 있습니다. 여름이 되면 온도가 높아 우리는 서로의 열기를 피해 떨어져 있으려고 합니다. 그런데 선생님이 교실에 와서 우리에게 조용히 하라고 압력을 넣으면 정해진 자리에 가만히 앉아 있어야 하지요.

그렇다면 상태변화의 주요 원인은 무엇일까요? 바로 온도 변화입니다. 간혹 압력에 의해 상태가 변하는 경우도 있지만 상태변화는 주로 온도에 의해 이루어집니다.

삼중점

상태변화가 일어날 때면 한 상태가 다른 상태로 변하면서 두 가지 상태가 동시에 존재하는 현상을 볼 수 있습니다. 이러한 상태변화를 일으키는 것은 온도와 압력이지요. 그런데 온도와 압력을 조절하면 두 가지 상태뿐만 아니라 세 가지 상태가 동시에 존재하는 재미있는 현상이 나타납니다. 온도와 압력 조건을 동시에 맞추어 고체, 액체, 기체 상태가 동시에 존재하는 상태를 물질의 '삼중점'이라고 합니다.

■ 세 가지 물질 상태가 공존하는 삼중점

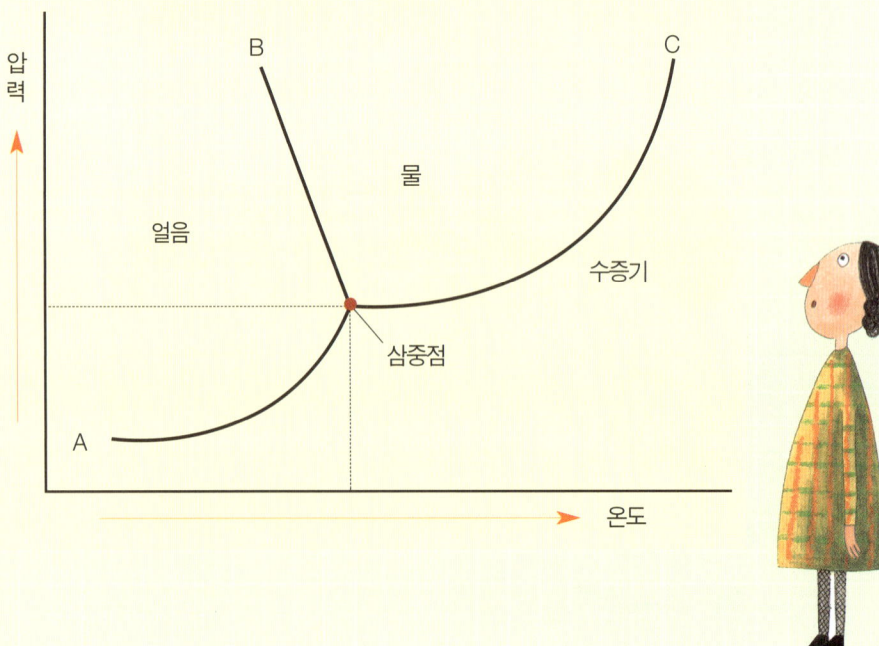

상태변화의 영향

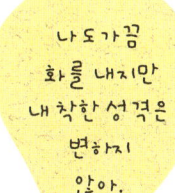

상태변화와 성질

　상태변화가 일어날 때 물질의 성질은 어떻게 될까요? 물질의 상태가 변하니 성질도 변할까요? 그렇지 않습니다. 물질의 성질을 결정하는 것은 분자구조입니다. 상태변화가 일어날 때 분자의 배열은 달라져도 분자 자체는 변하지 않지요. 따라서 물질의 성질도 그대로 유지됩니다.

상태변화와 질량

　상태변화가 일어날 때 변하지 않는 것이 또 하나 있습니다. 바로 물질의 질량입니다. 밀폐된 공간에서 실험하면, 상태변화가 일어나는 동안 물질을 이루는 분자가 사라지거나 갑자기 생성되는 일은 없습니다. 따라서 어떤 경우에도 물질의 질량은 그대로 유지되지요. 이와 같은 현상을 '질량 보존의 법칙'이라고 합니다.

　얼음 10g을 녹이면 물 10g이 되고, 물 10g을 계속 가열하면 수증기 10g을 얻어 낼 수 있습니다.

상태변화와 부피

고체에서 액체, 기체로 상태가 변할 때 대부분의 물질은 부피가 늘어납니다. 분자 운동이 활발해져 많은 공간을 차지하게 되기 때문입니다. 반대로 기체에서 액체, 고체로 변하면 분자 운동은 둔해지고 차지하는 공간 역시 줄어 부피도 감소합니다.

고체에서 액체로 상태가 변하면 부피가 조금 증가하고 액체에서 고체로 상태가 변하면 부피가 조금 감소합니다. 액체가 기체로 변할 때는 물질에 따라서 부피가 수백에서 수천 배 증가합니다. 액체 상태에서 분자 사이의 인력 때문에 가까이 붙어 있던 분자가 그 인력을 이겨 내고 튀어 나가 기체 상태가 되면서 활발히 움직이지요. 그 결과 분자 사이의 거리가 멀어집니다.

하지만 예외가 있습니다. 바로 물이라는 물질입니다. 대부분의 액체는 고체로 변하면서 부피가 줄어드는데, 물은 얼면서 오히려 부피가 늘어납니다. 페트병에 물을 가득 채우고 냉동실에 넣어 두면 물병이 팽팽하게 팽창

촛농이 초로 굳으면 부피가 줄어들고, 물이 얼음이 되면 부피가 늘어난다.

한 것을 볼 수 있습니다. 액체일 때에는 자유롭게 배열되어 있던 물 분자들이 고체인 얼음이 되면서 육각형의 규칙적인 결정 구조를 갖추게 됩니다. 그 결과 많은 공간을 차지하게 되지요. 얼음에 열을 주어 물이 되면 10% 정도 부피가 감소합니다.

    액체 촛농이 고체 초로 다시 굳어지면 부피가 줄어 아래로 오목해지지만, 물이 얼면 위로 볼록해지는 것도 바로 이런 이유 때문입니다.

문제 1 고체에서 액체·기체로, 액체에서 고체·기체로, 기체에서 액체·고체로 물질의 상태가 변하는 원인은 무엇인가요?

문제 2 우리 주변에서 융해와 액화 현상이 나타나는 예를 들어 보세요.

3. 상태변화하는 용어들의 공통점: 융해되기도 합니다. 유리의 표면에도 물방울이 맺히지 않는가요? 때문입니다. 수증기 역시 물방울이 맺힙니다. 얼음물에 공기 중의 수증기가 공통된 물질 등 이들은 모두 물지가 상태변화되었음에도 어떤 공통점 있는 것일까요? 뜨거운 음식에 맺히는 물방울은 예시입니다. 대류공이, 대류공이 고체에서 액체, 기체로 상태 변화 과정에 대해 기체에서 액체, 고체로 상태변화 에서, 그러므로 물질의 상태가 변화됩니다.

문제 3 물질이 상태변화를 일으킬 때 물질의 성질과 질량과 부피는 어떻게 되나요?

_____

_____

_____

정답

1. 온도가 높아 때문입니다. 그래서 얼음이 녹거나 고구마를 불에서 재어해졌을 때 운동이 활발해지기 때문에 약해지고 기체에 안정된 상태로 변하고, 그 동해 상태변화에서 더 큰 에너지를 갖는 것이 운동입니다.

2. ❶ 용해는 얼음이 녹아 물이 됩니다. 온도가 녹아 솟이 됩니다. 초콜릿이 녹아 전자장치에집니다. 그것에 양초의 기름이 녹아 액체가 됩니다. 기체의 부피 양이 액체가 됩니다.
❷ 액화는 수증기가 차가워서 물로 응결됩니다. 가열과 동안에 물방울이 맺힙니다. 수증기가 물로 상태가 변해, 안개, 이슬이 됩니다. 안정화의 것이 사립니다.

관련 교과
초등 4학년 1학기 4. 모습을 바꾸는 물
중학교 1학년 3. 상태변화와 에너지

3. 상태변화와 열에너지

우리는 물질의 상태변화에 너무 익숙해져 있습니다. 그래서 상태변화가 무엇인지 깊게 생각하지 못했지요. 물질의 상태가 변하기 때문에 우리 생활이 더욱 다양해지고 풍부해집니다. 이런 물질의 상태변화는 왜 일어날까요? 무엇이 물질의 상태를 변하게 할까요?

녹는점, 어는점, 끓는점

물질의 상태는 마술처럼 어느 한순간에 확 변하지는 않습니다. 물질을 가열했다가 냉각하면 상태변화를 잘 관찰할 수 있습니다. 가령, 고체가 액체로 변할 때는 어떤 온도에 이르러야 합니다. 그 온도에 이르렀을 때에도 고체가 점점 녹아 액체와 고체가 함께 존재하게 됩니다. 그러다 고체의 양은 점차 줄어들고 액체의 양이 계속 늘어나, 고체가 모두 액체로 변하면 그제야 상태변화가 끝납니다. 그 후부터 액체는 상태변화가 아닌 온도 변화

얼음은 0℃에서 녹고, 물은 0℃에서 언다. 녹는점과 어는점은 항상 같다. ⓒ mike epp@flickr.com

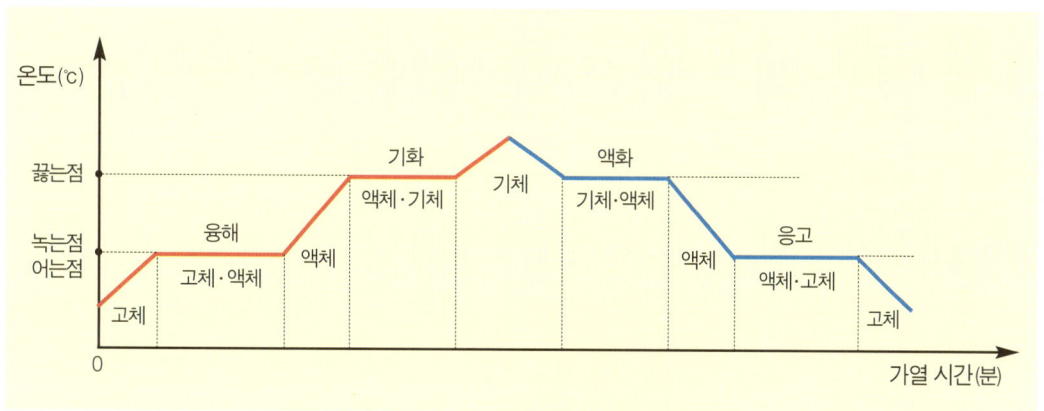

를 겪게 됩니다.

　물질의 상태가 변하는 지점마다 그 온도에 대한 이름이 있습니다. 물질이 고체에서 액체로 상태가 변할 때(융해)의 온도를 녹는점이라고 합니다. 액체에서 고체로 변할 때(응고)의 온도를 어는점이라고 합니다. 액체가 기체로 변할 때(기화), 기체가 액체로 변할 때(액화)의 온도를 끓는점이라고 합니다. 융해와 응고는 같은 온도에서 일어나고, 기화와 액화도 같은 온도에서 일어납니다.

　순수한 물질은 녹는점과 어는점이 항상 같으며, 각 물질마다 녹는점은 모두 다릅니다. 그래서 녹는점과 어는점은 그 물질만이 가지는 고유한 특성이 됩니다. 가령 얼음은 0℃에서 녹고, 물은 같은 0℃에서 얼지요. 한겨울에 길거리에 얼음이 얼어 있다면, 0℃ 이하로 온도가 떨어졌다고 생각하면 됩니다.

끓는 동안은 온도가 일정해요

에탄올을 알코올램프 위에서 가열해 보세요. 한동안 온도가 올라가다가 78℃에 도달해서는 올라가지 않고 일정합니다. 이때의 78℃가 에탄올의 끓는점이지요.

■ 에탄올의 끓는점

시간(분)	3	6	9	12	15
온도(℃)	28	54	78	78	78

도대체 왜 온도가 78℃ 이상으로는 올라가지 않을까요? 혹시 문제가 있나 싶어 알코올램프의 불이 꺼졌는지 확인하게 되지요. 하지만 불은 아무 문제 없이 타고 있고 에탄올은 계속 열에너지를 공급받고 있습니다. 무슨 비밀이 있기에 에탄올의 온도가 78℃로 유지될까요?

물질은 열에너지를 받으면 온도 변화나 상태변화에 사용합니다. 흡수한 열에너지를 분자의 운동에너지로 저장하다가 녹는점이나 끓는점이 되면 분자 사이의 결합을 끊고 분자의 배열을 바꾸어서 새로운 상태를 만들어 냅니다. 따라서 온도가 변하지 않는다고 이상하게 생각할 필요는 없습니다. 상태변화가 일어나는 동안에는 온도 변화가 일어나지 않고 받은 열에

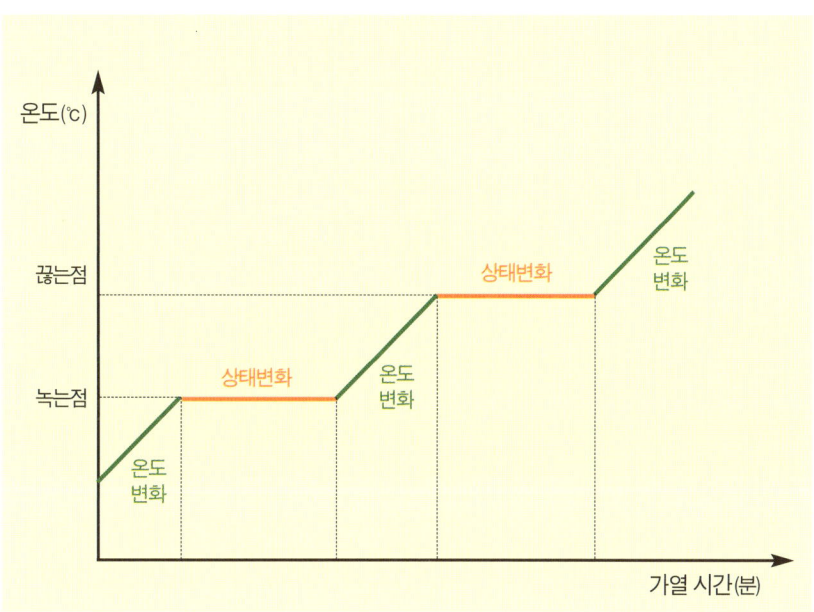

너지를 오로지 상태변화에만 쓰니까요.

　나프탈렌도 마찬가지입니다. 나프탈렌을 알코올램프에서 가열해 보세요. 에탄올이 78℃에서 더 이상 온도가 올라가지 않았다면 나프탈렌은 약 80℃에서 온도가 일정하게 유지됩니다. 상태변화가 일어나는 동안에는 물질의 온도에 변화가 없습니다.

물질마다 다른 끓는점과 녹는점

모든 물질이 같은 온도에서 상태변화를 일으키지는 않습니다. 같은 물질이라면 늘 같은 온도에서 상태변화가 일어나지만 다른 물질이라면 녹는점과 끓는점이 저마다 다릅니다. 다음 그래프는 액체를 가열할 때의 온도를 나타낸 그래프입니다. A, B, C 중 같은 물질은 무엇과 무엇일까요?

A와 B가 같은 물질입니다. 끓는 온도가 똑같이 80℃이기 때문입니다.

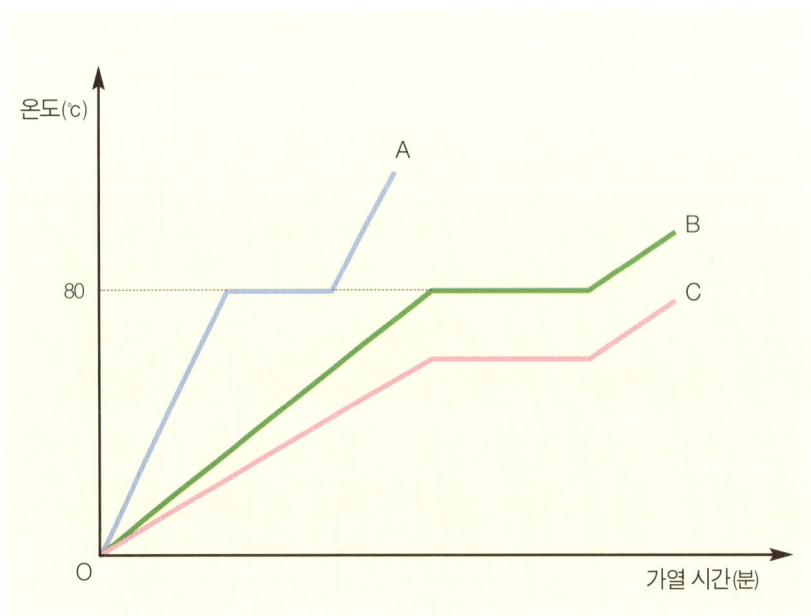

세 물질의 끓는점을 비교해 보면 A와 B가 같고 이 둘의 온도는 C보다 높습니다.

끓는점이 같은데도 A와 B의 그래프가 차이 나는 이유는 양이 다르거나 불꽃의 세기가 다르기 때문입니다. 만일 불꽃의 세기가 같다면, B의 양이 A보다 많아서 늦게 끓은 것입니다. 또 같은 양이라면, A가 B보다 더 센 불에서 가열되었다는 뜻입니다.

■ 물질의 끓는점

물질	질소	산소	물	에탄올	수은	납	철
끓는점(℃)	-196	-183	100	78	357	1,749	2,862
녹는점(℃)	-210	-219	0	-114	-39	327	1,538

물질은 저마다 녹는점과 끓는점이 정해져 있습니다. 물질마다 녹는점, 끓는점이 다른 이유는 무엇인가요? 그것은 분자 사이의 인력이 다르기 때문입니다.

분자 사이의 인력이 약할수록 녹는점과 끓는점이 낮고, 분자 사이의 인력이 강할수록 녹는점과 끓는점이 높습니다.

질소의 끓는점은 산소보다 낮습니다. 하지만 녹는점은 산소보다 더 높지요. 액체 분자는 질소가 산소보다 분자 사이의 인력이 더 약하지만, 고체 분자는 질소가 산소보다 더 강하기 때문입니다.

농도와 상태변화

앞에서 우리는 물의 끓는점에 대해 배웠습니다. 상태변화가 일어나는 동안 물의 온도는 100℃로 일정하게 유지되었습니다. 만약 물과 소금물을 가열한다면 어떨까요? 소금물의 끓는점이 물보다 높습니다.

이유는 간단합니다. 순수한 물질과 혼합물은 같은 온도에서 같은 상태변화를 일으키지 않습니다. 농도가 진할수록 녹는점은 더욱 낮아지고, 끓는점은 더욱 높아집니다. 그래서 진한 소금물일수록 0℃보다 더 낮은 온도에서 얼거나 녹게 되고, 100℃보다 높은 온도에서 끓습니다. 이것은 소금물에 포함된 소금 알갱이가 물이 얼거나 끓는 것을 방해하기 때문입니다.

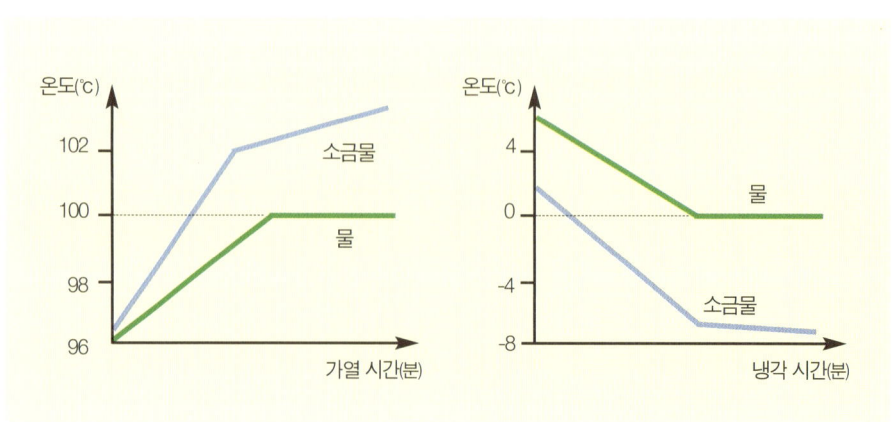

혼합물은 순수한 액체보다 높은 온도에서 끓기 시작하고 낮은 온도에서 얼기 시작한다.

 # 압력과 상태변화

　보통 물질의 끓는점은 1기압을 기준으로 합니다. 만약 압력이 올라가거나 내려가면 끓는 온도는 어떻게 될까요?

　끓는점은 압력에 큰 영향을 받습니다. 기체는 온도와 압력에 따라 쉽게 달라지는데, 끓는점은 기체로 상태변화가 이루어지는 온도이기 때문입니다. 압력이 올라가면 끓는점도 올라가고, 압력이 내려가면 끓는점도 내려갑니다.

　액체를 누르는 압력이 올라가면 액체가 기체로 끓어 나오는 것을 억제합니다. 따라서 액체는 더 많은 열에너지를 받은 후 높은 온도에 도달하고 그때야 끓어 기체로 변합니다. 반대로 액체를 누르던 압력이 내려가면 액체는 이전보다 더 쉽게 기체로 빠져나옵니다.

　재미있는 예가 있습니다. 높은 산에 올라가서 밥을 하면 밥이 설익습니다. 이유가 무엇일까요? 산 위로 높이 올라갈수록 기압이 낮아져서 끓는점도 낮아집니다. 그러면 밥은 익지도 않았는데 밥물이 끓게 되지요. 사람들은 그것도 모른 채 밥이 다 된 줄 알고 먹는 경우가 많습니다. 이런 실수를 막기 위해 산 위에서는 냄비 위에 돌을 얹어 놓고 밥을 합니다. 수증기가 냄비 밖으로 빠져나오지 않게 하여 냄비 안의 압력을 높이기 위해서입니다.

　녹는점과 어는점은 압력의 영향을 거의 받지 않습니다. 하지만 언제나

예외가 있지요. 바로 얼음입니다. 얼음은 참 독특합니다. 물이 얼 때, 물 분자들은 육각형의 결정 구조를 이루면서 배열합니다. 육각형의 결정은 참으로 많은 공간을 차지하는 구조입니다. 그런데 얼음이 외부의 압력을 받게 되면 이 결정 구조가 무너지면서 다시 물로 변합니다.

아래 그림처럼 실험해 보세요. 추를 매단 철사가 얼음을 녹이면서 점점 아래로 내려가는 것을 볼 수 있습니다. 하지만 철사가 지나간 윗부분은 다시 붙어 버리지요. 얼음의 온도가 0℃ 이하여서 물로 변한 얼음이 다시 얼기 때문입니다.

일반적으로, 대부분의 고체는 압력을 받으면 더욱 단단해지거나 흠집이 납니다. 하지만 얼음은 압력을 받으면 다시 물로 변합니다. 얼음의 이런 독

다른 고체와 달리 얼음은 압력을 받으면 다시 물로 변한다. ⓒ Vincent Baas@the Wikimedia Commons

특한 성질 때문에 우리는 스케이트나 스키와 같은 놀이를 즐길 수 있습니다. 압력을 받은 얼음이 물로 변하면 이 물이 마찰을 줄여 스케이트 날이 잘 나가게 해 줍니다. 만약 고체 에탄올이나 고체 드라이아이스 또는 고체 금속 위에서 스케이트를 타면 어떻게 될까요? 아마 스케이트 날이 잘 나가지 않아서 수시로 기름칠을 해 주어야 할 것입니다.

상태변화와 열에너지

융해열, 기화열, 응고열, 액화열, 승화열

물질은 상태에 따라 다른 에너지를 갖습니다. 기체가 제일 높은 에너지를 갖고, 다음이 액체, 마지막으로 고체입니다.

분자 운동은 고체, 액체, 기체로 갈수록 점점 활발해집니다. 이것은 분자가 가지고 있는 운동에너지가 커지기 때문입니다. 분자의 운동에너지는 외부에서 흡수한 열에너지가 전환되어 생깁니다. 반대로 기체, 액체, 고체로 갈수록 분자 운동이 둔해집니다. 이것은 가지고 있던 운동에너지를 열에너지로 전환하여 주위로 방출하기 때문입니다.

■ 상태변화와 주위 온도

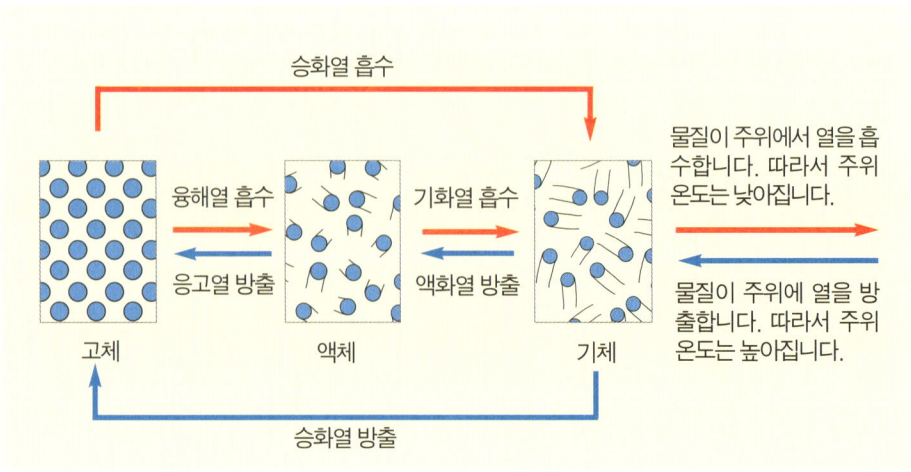

이처럼 상태변화가 일어날 때 물질은 열을 흡수하거나 방출합니다. 흡수하고 방출하는 열을 상태변화의 이름을 따라 융해열, 기화열, 응고열, 액화열, 승화열이라고 부릅니다. 상태변화가 일어나는 동안에는 온도 변화가 없기 때문에 열이 마치 숨어 있는 듯하다고 하여, '숨은열'이라고도 합니다.

상태변화가 일어날 때에는, 물질에 출입하는 열에너지로 인해 주위 온도에도 변화가 나타납니다. 그림에서 보는 것처럼 융해, 기화, 고체에서 기체로 승화할 때에는 물질이 주위 열을 흡수합니다. 이때 열을 빼앗긴 주위는 온도가 낮아집니다. 반대로 응고, 액화, 기체에서 고체로 승화할 때 물질은 주위로 열을 방출합니다. 방출된 열로 인해 주위 온도가 높아집니다.

상태변화가 일어날 때 열에너지가 흡수되고 방출되는 것을 모두 보여 주는 물질이 바로 물입니다. 더운 날이나 추운 날에 물을 뿌리면 이 두 가지 현상을 모두 경험할 수 있습니다.

여름철 마당에 물을 뿌리면 시원해지지요. 이것은 물이 더위로 인해 증발하면서 주위 열을 흡수하고, 열을 빼앗긴 지면은 시원해지기 때문입니다. 그런데 추운 지방에 사는 에스키모인 역시 춥기 때문에 이글루 바닥에 물을 뿌립니다. 왜일까요? 좁은 이글루 안에 물을 뿌려 두면 물이 추위로 인해 얼겠지요. 물이 얼면서 주위로 열을 방출하기 때문에 좁은 이글루 안은 훈훈해진답니다. 물질의 상태가 변하면서, 나가고 들어오는 열 중에 가장 큰 것은 고체와 기체 사이에서 일어나는 승화열입니다. 다음은 액체와 기체 사이에 나타나는 기화열·액화열이고, 가장 작은 것은 고체와 액체 사이에 나타나는 융해열·응고열이지요.

열을 흡수하여 주위 온도가 낮아지는 경우

고체에서 기체로 승화할 때 주위 열을 흡수하지요. 그 결과 주위 온도는 낮아집니다. 그렇다면 우리 실생활에서 이렇게 주위 열이 흡수되는 예에는 무엇이 있을까요?

얼음 위에 음료수를 올려놓으면 어떻게 될까요? 음료수가 시원해지겠지요. 얼음이 융해되면서 주위 열을 흡수하여 음료수의 온도가 낮아지는 것입니다.

알코올을 손등에 발라 본 적이 있나요? 손등에 알코올을 발랐을 때 어떤 느낌이 들었나요? 손등이 시원해지는 것을 느꼈을 거예요. 액체가 기체로 변하면

서 주위 열을 흡수하여 손등이 시원해진 것입니다.

아이스크림 가게에서 아이스크림을 집으로 포장해 올 때, 포장 용기에 점원이 무엇을 넣어 주나요? 바로 드라이아이스입니다. 아이스크림을 드라이아이스와 함께 두면 녹지 않은 상태로 집에 가져올 수 있습니다. 고체인 드  라이아이스가 기체를 내뿜으면서 주위 온도를 낮추어 주기 때문입니다.

혹시 사막을 가로질러 가는 사람들의 물통이 무엇으로 만들졌는지 아나요? 더운 사막에서 시원한 물을 마시기 위해 양가죽 물통을 사용합니다. 일반 물통에  물을 넣는 것보다 양가죽 물통에 물을 넣으면 훨씬 시원합니다. 양가죽의 수분이 기화하면서 열을 흡수하기 때문입니다.

물질의 상태가 변할 때 주위 열을 흡수하는 원리를 잘 활용하면 이와 같이 우리 생활이 좀 더 편리해집니다.

열을 방출하여 주위 온도가 높아지는 경우

열을 흡수하여 주위 온도가 낮아지는 경우가 있는가 하면, 열을 방출하여 주위 온도가 높아지는 경우도 있습니다. 바로 기체에서 고체로 승화할 때입니다. 이 원리 또한 잘 활용하면 생활에 큰 도움을 받을 수 있습니다. 그 예를 살펴볼까요?

날씨가 갑자기 추워지면 저장고에 있는 과일이 얼어 버리는 일이 생기지요. 이런 피해를 막기 위해 물을 함께 둡니다. 저장고의 과일과 물을 함께 두면, 물의 상태가 고체로 변하면서 주위 온도가 올라갑니다.

대표적인 예가 또 하나 있습니다. 비가 오기 전에 날씨가 어떤지 떠올려 보세요. 후텁지근하지요. 이유가 무엇일까요? 비가 오기 전에는 비구름이 만들어지는데, 이 비구름을 만들기 위해 공기 중의 수증기가 하늘로 올라가 액체가 됩니다. 바로 액화 현상입니다. 액화는 열을 방출하여 주위 온도를 높이지요.

이 원리는 눈이 올 때도 마찬가지입니다. 눈이 오기 위해서는 눈구름이 만들어져야 하고, 이를 위해서는 공기 중의 수증기가 하늘로 올라가 액체가 됩니다. 이 액화 현상으로 주위 온도가 높아지는 것이지요. 그래서 흰 눈이 소복이 쌓이면 생각만큼 춥지 않습니다.

냉장고와 보일러

우리는 상태변화를 겪으면서 살아야 합니다. 이 상태변화가 있어서 생활이 더 편리해집니다. 상태변화 때문에 만들어진, 꼭 필요한 도구가 바로 냉장고와 보일러입니다. 이 두 가지는 서로 반대 과정을 이용합니다.

냉장고는 냉장고를 흐르는 액체가 기화하면서 냉장고 내부의 열을 흡수하여 냉장고 안의 음식을 차갑게 유지해 줍니다.

겨울철 난방 장치인 보일러는 물을 끓여 수증기를 만듭니다. 보일러에서 만들어 놓은 수증기는 방바닥을 돌면서 식어 물이 되고, 이때 액화열을 방출합니다. 이 액화열 덕분에 방이 오랫동안 훈훈하게 유지됩니다.

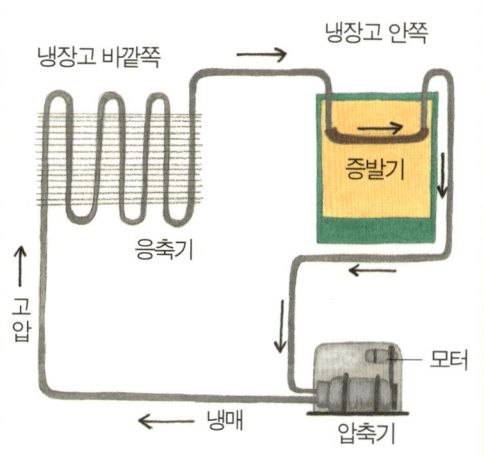

냉매가 액체에서 기체로 증발한다. 이때 열을 흡수하기 때문에 냉장고 안의 온도가 내려간다.

수증기가 방바닥을 돌면서 물로 변한다. 이때 열을 방출하기 때문에 방바닥이 따뜻해진다.

Q&A 꼭 알고 넘어가자!

문제 1 녹는점, 어는점, 끓는점이 무엇인지 설명해 보세요.

_____
_____
_____
_____

문제 2 물질마다 녹는점, 끓는점이 다른 이유는 무엇인가요?

_____
_____
_____
_____

---

3. 고체가 액체로 상태변화 하거나 녹는점 다시 고체로 상태변화 할 때에는 온도가 일정하게 유지됩니다. 얼음이 물로 상태변화 하는 동안 얼음과 물이 함께 존재하며, 이 때의 온도를 녹는점이라고 합니다. 물이 얼음으로 상태변화 할 때의 온도를 어는점이라고 합니다.

4. 물질을 이루는 입자의 종류와 물질을 이루는 입자들의 인력이 다르기 때문에 녹는점과 끓는점이 서로 다르게 나타납니다. 따라서 끓는점과 녹는점을 통해 물질을 구별할 수 있습니다.

문제 3 우리가 얼음 위에서 스케이트를 탈 수 있는 것은 얼음의 어떤 특성 때문인가요?

문제 4 물질의 상태가 변하면서 열을 흡수해 주위 온도가 낮아지는 예에는 무엇이 있나요?

정답

1. 용융열과 녹아드는 온도를 높인다. 응고점 아래가 아니라 응고점 이상에서 녹아드는 온도를 낮추기 때문에, 7기압 정도 응고점이 낮아진다. 물질은 응고해 녹는 온도보다 아래에 있으면 다시 녹아나다. 녹는점과 어는점이 많다.

2. 물질마다 녹자 어는점이 다르기 때문입니다. 물자 얼음의 용해수 녹는점과 어는점이 모두 7기압, 소금 녹인 아이스 인산이 상승수열 녹는점과 어는점이 낮습니다.

관련 교과
초등 3학년 1학기 1. 우리 생활과 물질
중학교 1학년 1. 물질의 세 가지 상태

4. 여러 가지 고체

얼음, 드라이아이스, 다이아몬드, 구리, 플라스틱……. 이것들의 공통점은 무엇일까요? 바로 고체라는 점이지요. 하지만 고체라고 해서 모두 성질이 같지는 않습니다. 고체는 그것을 이루는 분자구조와 종류에 따라 저마다 독특한 성질을 드러냅니다. 이제 몇몇 고체의 세계로 들어가 봅시다.

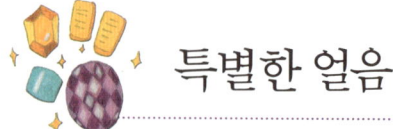
특별한 얼음

　얼음은 우리 주위에서 쉽게 만날 수 있는 물질입니다. 얼음은 물의 고체 상태이지요. 얼음은 맑고 무색이며 투명합니다. 하지만 가끔은 하얀 얼음도 볼 수 있지요. 또 얼음을 깨부수면 눈처럼 하얀색으로 변합니다. 왜 그럴까요? 얼음 속에 있는 산소 때문입니다. 산소가 있느냐 없느냐에 따라 빛의 반사가 다르게 일어납니다. 물이 서서히 얼면 물속에 녹아 있던 산소가 빠져나오면서 얼음은 투명해집니다. 그런데 물이 급격히 얼면 산소가 다 빠져나오지 못하고 속에 갇힌 채 얼어 버리지요. 이런 경우, 얼음은 산소가 있는 부분과 없는 부분에서 밀도 차이가 생기고, 빛이 얼음을 통과하는 도중 굴절과 난반사가 일어납니다. 빛이 반사된 부분은 흰색이 되지요. 그래서 서서히 얼

투명한 얼음.

불투명한 얼음.

린 얼음은 투명하지만 급격히 얼린 얼음이나 부서진 얼음은 하얀색이 됩니다.

  얼음은 매우 독특한 성질이 있습니다. 다른 액체들은 응고하여 고체가 되면 부피가 줄어들고 무거워져 자신의 액체 안에 두면 가라앉습니다. 그런데 물이 얼면 부피가 이전보다 더욱 커지고 가벼워져 물속에 넣으면 둥둥 뜹니다. 이런 성질 때문에 겨울이 되면 강은 표면만 얼어, 강물 속의 동물들이 살 수 있습니다. 남극 대륙이 유지되는 것도 바로 얼음의 이런 특성 때문입니다.

굴절

한 매질에서 다른 매질로 들어갈 때 경계면에서 그 진행 방향이 바뀌는 현상입니다. 다른 말로 '꺾임'이라고도 합니다.

난반사

울퉁불퉁한 바깥 면에 빛이 부딪쳐서 사방팔방으로 흩어지는 현상을 말합니다. 우리가 서로 다른 위치에서 여러 가지 물체를 동시에 볼 수 있는 것도 난반사 때문입니다.

와, 예쁘다!
눈도 육각형의
마술이구나!

빙산의 일각

물 위에 떠 있는 얼음을 생각한다면 빙산을 그냥 지나칠 수 없습니다. 사람들은 종종 '빙산의 일각'이라는 말을 사용하지요. 보이는 부분보다 보이지 않는 부분이 더 크다는 뜻입니다. 도대체 얼마나 큰 얼음이 그 밑에 있다는 뜻일까요? 얼음의 전체 부피가 100이라면, 물 위에는 10%만 보이고, 그 밑에는 무려 90%가 잠겨 있습니다. 남극에 있는 거대한 빙산을 생각해 보세요. 보이는 것보다 무려 아홉 배나 큰 부분이 물 밑에 잠겨 있습니다. 정말 신기하지요?

빙산은 전체 부피의 10퍼센트만 보인다. ⓒ Mila Zinkova@the Wikimedia Commons

안개를 만드는 드라이아이스

얼음과 마찬가지로 드라이아이스 역시 우리 주변에서 쉽게 찾아볼 수 있습니다. 아이스크림이 녹지 않도록 함께 넣어 오는 흰색의 고체 물질이지요. 드라이아이스는 이산화탄소를 고체 상태로 만든 물질입니다. 그래서 고체 탄산이라고도 부릅니다.

드라이아이스의 이용과 주의점

드라이아이스는 고체에서 바로 기체로 변하는 성질이 강한 물질입니다. 상태변화가 일어날 때 열을 흡수하여 주위를 냉각하는 효과가 매우 크지요. 그래서 음식이나 의약품을 차게 보관할 때에는 얼음보다 드라이아이스가 더 효과적입니다.

드라이아이스 주위에서는 흰 연기를 볼 수 있습니다. 이 흰 연기는 이산화탄소가 아닙니다. 냉각 효과로 인해 공기 중의 수증기가 물로 변한 것이지요. 이렇게 만들어진 물방울이 안개를 만들기 때문에 드라이아이스는 무대 효과에

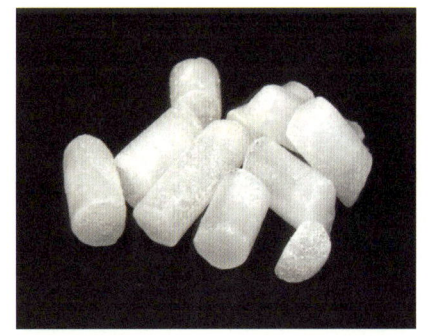

드라이아이스.

자주 이용됩니다. 드라이아이스의 온도는 무려 영하 78℃가량 되어서 절대 맨손으로 만져서는 안 됩니다. 드라이아이스를 손으로 다룰 때에는 동상을 입지 않도록 반드시 장갑을 끼어야 합니다. 또한 밀폐된 공간에서 드라이아이스를 다룬다면 질식할 위험이 있으므로 환기에도 신경을 써야 합니다.

드라이아이스 만들기

낮은 온도에서 기체 이산화탄소에 높은 압력을 주면 액체가 됩니다. 작은 구멍으로 액체 이산화탄소를 뿌리면서 갑자기 압력을 낮추면 일부는 기체가 되고, 일부는 눈송이 모양의 결정이 됩니다. 이 결정에 다시 압력을 강하게 주면 비로소 드라이아이스가 됩니다. 드라이아이스를 만들 때에도 동상을 입을 수 있으므로 장갑을 꼭 끼어야 합니다.

드라이아이스 보관하는 방법

첫째, 만약 냉동고가 있다면 영하 20℃ 이하의 온도에서 보관해야 합니다. 둘째, 냉동고가 없다면 스티로폼 박스 혹은 최대한 밀폐된 공간에 보관해야 합니다. 그냥 상온에 둘 경우 3~4일이면 모두 승화되어 사라집니다.

아름다운 다이아몬드

연필심과 다이아몬드

걷보기에 전혀 달라 보이는 연필심과 다이아몬드는 공통점이 있습니다. 매우 흔해서 큰 값어치가 나가지 않는 연필심과 보석 중의 최고로 여겨지는 다이아몬드에 공통점이 있다니, 놀랍지요? 그 공통점은 바로 둘 다 탄소라는 원소로 이루어졌다는 점입니다. 같은 탄소로 이루어져 있는데 어째서 하나는 연필심이 되고, 다른 하나는 아름다운 다이아몬드가 될까요? 그것은 바로 탄소의 배열 때문입니다. 탄소가 어떻게 배열되느냐에 따라 연필심이 되기도 하고, 다이아몬드가 되기도 합니다.

생긴 건 다르지만 사실 우리는 한 형제였어!

인기 많은 다이아몬드

다이아몬드는 매우 단단한 광물입니다. 하지만 그 결정이 매우 예뻐서 사람들에게 인기가 있고, 귀하게 여겨집니다. 다이아몬드의 무게는 '캐럿'이라는 단위를 사용합니다. 다이아몬드는 캐럿, 색, 잘라낸 모양, 투명도에 따라 그 가치가 평가됩니다. 천연 다이아몬드 색은 무색·황색·갈색 등인데, 안에 어떤 원소를 포함하느냐에 따라 그 색이 달라집니다.

결정이 아름다워 인기가 많은 다이아몬드는 사실 돌에 속하는 광물이다.
ⓒ Steve Jurvetson@flickr.com

오늘날에는 다이아몬드를 인공으로 만들기도 합니다. 다이아몬드는 매우 단단해서 인조 다이아몬드는 유리를 자르는 도구로 쓰이기도 하지요.

하지만 이렇게 귀한 다이아몬드도 사실 돌에 속하는 광물입니다. 같은 부류에 속하는 물질이라도 분자 배열에 따라 이처럼 가치가 달라진답니다.

멋쟁이 금속

금속으로 된 물건은 광택이 있어 반짝거리는 성질이 있습니다. 그래서 예쁜 장신구에 많이 사용되지요. 장신구뿐 아니라 집에서 볼 수 있는 숟가락, 젓가락, 포크, 가위 등도 금속으로 되어 있어 광택이 납니다.

이 금속은 열을 잘 전달하는 성질이 있습니다. 부엌에서 음식을 만들 때 사용하는 냄비나 프라이팬은 열을 잘 전달하는 성질 때문에 음식이 잘 익게 합니다.

또한 금속은 전기도 잘 통하는 성질이 있어서 전기를 전달하는 물건에 이용됩니다. 대표적인 예로 전선이 있습니다. 전선 속을 살펴보면 여러 가닥의 구리 선이 들어 있습니다. 구리는 금속 중에서도 특히 전기가 잘 통하는 물질입니다.

금속이 단단하게만 보이지만 사실 잘 구부러지고 펴지는 성질도 있습니다. 깡통이나 냄비가 찌그러지고, 젓가락이 휘는 것은 바로 이런 성질 때문입니다. 금속으로 장신구를 만들거나 여러 가지 모양의 생활용품을 만드는 것, 그리고 아름다운 예술품을 만드는 금속 공예 등은 금속의 이런 성질을 잘 활용한 예입니다.

이렇게 활용도가 높은 금속도 약점이 있습니다. 금속은 물이나 공기 중의 산소와 쉽게 반응하기 때문에 물과 산소를 만나면 부식되어 버립니다.

또 산성 용액에도 약해서 산성 용액을 만나면 녹아들어 가면서 수소 기체가 생깁니다.

 하지만 모든 금속이 물과 산소에 똑같이 반응하지는 않습니다. 금, 은, 구리, 백금 같은 금속은 산에도 부식되지 않고, 산소나 물에도 쉽게 반응하지 않습니다. 이런 성질 때문에 금, 은, 구리, 백금은 다른 금속의 표면에 도금하여 내부를 보호하는 데에 많이 이용됩니다. 쉽게 변하지 않은 성질을 지닌 덕에 금은 권위나 영원을 상징하는 금속으로 큰 사랑을 받아 왔습니다.

합금과 도금의 차이

금속 중에는 다른 물질과 반응이 잘 일어나 쉽게 부식하거나 변하는 것이 있습니다. 이렇게 쉽게 부식하는 금속은 변하거나 변하는 속도를 늦추기 위해 도금이나 합금을 합니다.

도금은 사용하고자 하는 금속이 부식되지 않도록 좀 덜 부식되는 다른 금속으로 표면을 입혀서 보호하는 방법입니다. 구리, 금, 은, 백금 등은 다른 물질과 반응하는 성질이 아주 적어서 잘 부식되지 않습니다. 고대 무덤에서 나오는 유물 중에 금으로 된 장식품이 잘 보존되어 있는 것은 금, 은, 백금, 구리로 도금한 덕분입니다.

합금은 몇 가지 금속을 섞어서 새로운 금속을 만드는 것입니다. 합금을 하는 이유는 하나의 금속이 가진 단점은 보완하고 다른 금속이 가진 장점을 살리기 위해서입니다. 합금을 한 금속 중 가장 자주 접하는 것은 우리나라 동전입니다. 동전은 구리와 다른 금속을 섞어서 만든 합금입니다. 구리를 넣은 합

동전은 니켈 함유량에 따라 색깔이 달라진다.

■ 동전에 사용된 합금

동전	합금 이름	사용된 금속의 종류
10원*	황동	구리 + 아연
50원	양백	구리 + 아연 + 니켈
100원·500원	백동	구리 + 니켈

* 2006년 12월 전까지 발행된 옛날 10원짜리 동전을 말합니다.

금은 잘 녹슬지 않고 가공하기 쉬운 성질이 있습니다. 물론 2006년 12월부터 합금이 아닌 도금 방식으로 10원짜리가 발행되었지만 그 전까지는 모두 합금 방식으로 동전을 만들었습니다.

그런데 똑같은 합금인데도 옛날 10원짜리와 100원짜리는 색깔이 다릅니다. 그 이유는 니켈 때문입니다. 니켈이 얼마나 들어가느냐에 따라 색깔이 달라집니다.

옛날 10원짜리 동전에 사용되는 합금은 황동인데, 이 황동은 금관악기에도 사용됩니다. 황동은 튼튼하지만 모양을 바꾸기가 쉽고, 색이 아름다워서 금관악기뿐만 아니라 장식품에도 다양하게 사용됩니다.

비행기나 자동차의 몸체에 사용되는 합금은 두랄루민입니다. 두랄루민은 알루미늄에 마그네슘, 구리, 망가니즈를 섞어 만든 합금인데, 가벼우면서도 튼튼해서 경주용 자동차나 항공기에 많이 사용됩니다.

 요건 몰랐지?

형상기억합금

최근에는 새로운 성질을 가진 합금이 많이 만들어지고 있습니다. 그중에 우리가 자주 접하는 합금은 형상기억합금입니다.

형상기억합금은 니켈과 티타늄을 섞어서 만들기 때문에 니티놀이라고도 불립니다. 형상기억합금은 재미있는 성질이 있습니다. 외부의 힘을 받아 모양이 크게 변한다 해도 합금이 만들어질 때의 온도로 조성해 주면 원래 모양대로 다시 돌아옵니다.

형상기억합금을 이용한 치열 교정용 와이어.
ⓒ MSputnikcccp@the Wikimedia Commons

이렇게 재미있는 성질을 지닌 형상기억합금은 1969년에 처음 이용되었습니다. 인간을 태우고 최초로 달에 간 아폴로 11호의 통신 안테나에 사용되었습니다. 발사 당시에는 우주선 안에 접혀 있다가, 달 표면에서 태양열을 받아 적당한 온도가 되면 원래 모양대로 펼쳐지게 만들었지요. 치과에서 사용하는 치열 교정용 와이어도 형상기억합금을 이용한 도구입니다. 치열 교정용 와이어는 치아를 원하는 모양대로 잡아 주는 역할을 하는데, 체온을 접하면 치아를 교정하는 형태로 고정되어서 치열을 바르게 잡아 줍니다. 형상기억합금은 밟아도 다시 복원할 수 있는 안경테, 구부려도 다시 펴지는 휴대전화의 안테나 등 우리 생활에 점차 널리 이용되고 있습니다.

플라스틱 세상

실용적인 플라스틱

그릇, 장난감, 스타킹, 자동차……. 이것들의 공통점은 무엇일까요? 모두 플라스틱이 재료라는 점입니다. 운동화나 신발에도 플라스틱이 들어갑니다. 플라스틱은 사람들이 원하는 여러 가지 물건을 다양하게 만들 수 있게 해 주는 아주 기특한 재료입니다.

석유에서 추출한 물질로 만드는 플라스틱은 금속이나 유리보다 가볍고 단단합니다. 또한 전기가 잘 통하지 않고 모양을 쉽게 만들 수 있습니다. 가볍고 단단한 데다 쉽게 다룰 수 있는 성질 때문에 나무나 유리 등을 대신해서 많이 사용됩니다. 하지만 높은 열이나 강한 충격에는 약하다는 단점이 있습니다.

플라스틱과 환경

플라스틱이 편리하기만 한것은 아닙니다. 플라스틱은 잘 썩지 않아 생태계와 환경의 무서운 적이 될 수 있습니다. 플라스틱을 현명

플라스틱은 그릇, 장난감 등 다양한 곳에 쓰인다.

하게 사용하기 위해서는 아껴 쓰는 것은 물론 부지런히 재활용하는 자세가 필요합니다.

Q&A 꼭 알고 넘어가자!

문제 1 얼음 중에는 투명한 것도 있고 하얀색의 불투명한 것도 있습니다. 이렇게 차이가 나는 이유가 무엇인가요?

_____
_____
_____

문제 2 드라이아이스를 무대 효과에 활용하는 것은 드라이아이스의 어떤 특성 때문인가요?

_____
_____
_____

---

2. 드라이아이스는 찬 공기를 만들 수 있습니다. 이 찬 공기는 이산화탄소가 아니라 먼지 등의 인해 눈기 수증기가 뭉쳐 만들어진 것입니다. 이렇게 만들어진 안개용이 아래로 가라앉기 때문에 드라이아이스는 무대 효과에 자주 이용됩니다.

3. 2006년 12월부터 북한에서 15일째 체류중인 응웬딘 우석씨가 소리하다 다른 사이 돌연 실종됐다가 중간지역의 생활이 다른 이유로 파열 때문입니다. 나팔이 울어나누어에 따라 사이 틀어집니다. 10원짜리에 진동 틈이 있고, 50원짜리에도 100원짜리에도 나팔이 틀어집니다.

문제 3   우리가 사용하는 동전마다 색깔이 다른 이유는 무엇인가요?

정답

1. 동전 속에 있는 재료 때문입니다. 십원짜리 동전은 구리와 알루미늄으로 되어 있습니다. 용이 사이의 동전은 구리가 많이 들어 있어 붉은 금빛이 납니다. 그리고 오십원짜리 동전은 구리가 빠져나가서 노란빛이 돕니다. 이런 것은 동전은 산화되어 있고 동전에 이물질이 붙어 있는 것도 있고 산화되어 있지 않는 동전도 있습니다. 예를 들어 동전의 껍질을 벗기면 다릅니다. 금빛이나 붉은 색깔이 돕니다. 그래서 사용하는 동전마다 색깔이 다릅니다.

관련 교과
초등 3학년 2학기 1. 액체와 기체의 부피
초등 4학년 1학기 4. 모습을 바꾸는 물
중학교 1학년 1. 물체의 세 가지 상태

5. 여러 가지 액체

액체에는 여러 종류가 있습니다. 연료로 쓰이는 알코올이 있는가 하면 액체이면서 금속인 것도 있지요. 또한 매우 오랜 시간이 지나야 흘러내리고 있다는 사실을 보여 주는 액체가 있는가 하면, 갑작스러운 힘을 받을 때 순간적으로 고체의 성질을 보여 주는 매우 신기한 액체도 있습니다. 그중 물은 모든 액체 가운데 가장 중요한 물질이에요. 지금부터 천천히 여러 액체에 대해 알아보아요.

소중한 물

비열

비열이란 1kg의 양을 1℃ 높이는 데 필요한 열을 말합니다. '비열이 크다'는 말은 온도 변화를 주기 위해 많은 열이 필요하다는 뜻입니다. 어떤 물질의 비열이 크다면 적은 양의 열에너지로는 온도 변화가 잘 일어나지 않습니다.

인체의 70%는 물이에요

지구의 대부분은 물로 되어 있습니다. 지구 위에 사는 생물의 몸도 대부분 물로 되어 있지요.

물은 비열이 다른 물질에 비해 커서 온도 변화가 잘 일어나지 않는 특성이 있습니다. 지구나 우리 몸의 대부분이 물이 아닌 금속이나 나무로 되어 있다면 어떤 현상이 일어날까요? 아마도 쉽게 뜨거워지고 차가워져서 일정 온도를 유지하기가 매우 힘들 것입니다. 그러고 보면 우리 몸의 70%가 물로 되어 있다는 사실은 참 고마운 일이지요.

물은 지구에서 순환하거나 우리 몸 안을 구석구석 돌며 에너지와 물질을 옮깁니다. 물의 분자구조를 보면 비대칭적인 모양입니다. 이런 구조 때문에 물 분자는 극성을 띱니다. 물처럼 극성을 띠는 용액에는 극성인 물질이 잘 녹습니다. 세상에 존재하는 대부분의 물질이 극성이기 때문에 물은 많은 물질을 녹일 수 있는 능력이 있지요.

물은 극성 물질이긴 하지만 직접 전류를 통하지는 않습니다. 물이 극성을 갖는 것은 분자구조가 부분적으로 전기적 성질을 나누어 갖기 때문이지, 물

물이 묻은 손으로 콘센트를 플러그에 꽂으면 안 된다. 손에 묻어 있는 전해질이 물에 녹아 전류를 통하게 하기 때문이다.

분자 전체적으로는 전기적인 중성입니다.

그런데 우리는 물이 묻은 손으로 콘센트를 만져서는 안 된다는 당부를 아주 많이 들어 왔습니다. 우리 손에는 전해질이 묻어 있는데, 이 전해질이 물에 녹아 전류를 통하게 하기 때문입니다.

> **전해질**
>
> 물에 녹아 전기를 통하게 하는 물질을 말합니다. 소금, 산성 용액, 염기성 용액은 모두 전해질에 해당합니다.

센물과 단물

같은 물이지만 비누가 잘 녹아 빨래가 잘 되는 물이 있고, 비누가 잘 녹지 않아 빨래가 잘 안 되는 물이 있습니다. 수돗물이나 빗물에서는 비누가 잘

무기물과 유기물

무기물이란 유리, 모래 등과 같이 탄소를 포함하지 않아 잘 타지 않는 물질입니다. 유기물은 탄수화물, 지방, 단백질과 같이 탄소를 포함해 잘 타는 물질을 말합니다.

녹아 거품이 일고, 우물물·샘물·온천수에서는 비누가 잘 녹지 않고 거품도 잘 생기지 않습니다. 비누가 잘 녹지 않는 이유는 물속에 녹아 있는 칼슘, 마그네슘과 같은 무기물의 양 때문입니다. 칼슘이나 마그네슘 등을 포함한 무기물이 많이 녹아 있는 물은 '센물' 또는 '경수'라고 하고, 무기물이 적게 녹아 있는 물은 '단물' 또는 '연수'라고 부릅니다.

지하수는 센물에 속합니다. 지하수가 땅속을 지날 때 지하에 있던 칼슘이나 마그네슘을 녹여 함께 흐르기 때문입니다. 이 센물을 보일러에 사용하면 마그네슘과 칼슘이 관 속에 침전물을 만듭니다. 이 침전물을 '관석'이라고 하는데, 관석이 많이 생기면 보일러의 효율이 낮아지고, 보일러가 손상될 수 있습니다.

어떤 샘물은 물에 녹아 있는 무기물 때문에 맛있고 건강에 좋다고 알려지기도 했습니다. 하지만 무기물이 지나치게 많이 녹아 있는 물을 마시면 설사병이 나지요. 그뿐이 아닙니다. 센물로 머리를 감거나 몸을 씻으면 깨끗이 씻기지도 않을 뿐만 아니라, 머리카락이나 몸의 윤기가 사라지고 뻣뻣해진답니다. 그래서 경수를 연수를 바꾸어 주는 연수기라는 기구가 등장했습니다. 연수기는 물에 들어 있는 칼슘이나 마그네슘 등을 필터로

샘물에는 무기물이 많아 비누가 잘 녹지 않는다.
ⓒ Hanay@the Wikimedia Commons

걸러 내어 센물을 단물로 바꾸어 줍니다. 센물을 단물로 바꾸기 위해서는 물을 끓여 주거나 칼슘이나 마그네슘을 걸러 내는 물질을 첨가하는 방법을 사용하기도 합니다.

극성과 무극성

극성은 물질이 서로 섞이느냐 섞이지 않느냐를 결정합니다. 물질을 이루는 분자 전체는 전기적으로 중성입니다. 하지만 분자구조에 따라 분자 속에 있던 전자가 한쪽으로 쏠리면 분자의 한쪽은 (+)전기를 많이 띠게 되고, 다른 한쪽은 (-)전기를 많이 띠게 되어서 마치 양극을 지닌 것처럼 보이지요. 분자의 이런 성질을 극성이라고 한답니다. 무극성은 분자의 구조가 대칭적이어서 극성과는 달리 분자가 전기적으로 쏠리지 않는 상태를 말합니다.

극성을 가진 분자는 어떤 상황에 처하면 재미있는 모습을 보여 주기도 합니다. 전기를 띤 풍선을 흐르는 물줄기에 가까이 가져가면 물줄기가 휘는데, 이런 현상은 물이 극성을 가지고 있기 때문입니다. 하지만 물 대신 식용유로 실험하면 식용유는 휘지 않지요. 식용유는 무극성이기 때문입니다.

극성 물질에는 물·알코올·소금 등이 있고, 무극성 물질에는 식용유·벤젠·파라핀·나프탈렌·산소·이산화탄

비누는 극성인 물때와 비극성인 기름때 모두를 잘 닦아 낸다.

79

소 등이 있습니다. 극성 물질은 극성 물질과 잘 섞이고, 무극성 물질은 무극성 물질끼리 잘 섞이지만 극성 물질과 무극성 물질은 잘 섞이지 않습니다. 그래서 물과 알코올, 식용유와 벤젠은 서로 잘 섞이지만 물과 식용유는 잘 섞이지 않습니다. 극성과 무극성을 모두 가진 물질도 있습니다. 바로 비누입니다. 비누가 물때와 기름때 모두 닦아 내는 것은 바로 이런 성질 때문입니다.

만약 물이 극성이 아니라 무극성이었다면 어떻게 될까요? 물이 세상의 수많은 물질을 녹일 수 있는 것은 물에 녹는 많은 물질도 극성이기 때문입니다. 지구와 우리 몸의 대부분을 차지하는 물이 무극성이라면 우리는 맛있는 음식을 먹을 수가 없고, 필요한 물질을 만들 수도 없게 됩니다. 게다가 물이 무극성이라면 무극성인 산소가 모두 물에 녹아 버려 우리는 공기 중에서 숨을 쉬고 살 수가 없을 테지요.

■ 물의 분자구조

○ 수소(H) ● 산소(O)

육각형 고리 구조(육각수)   오각형 고리 구조(오각수)   사슬형 구조.

우리 몸에 이로운 육각수

물 분자 몇 개가 모여 집단을 이루고, 이것들이 육각형 고리 구조, 오각형 고리 구조, 사슬형 구조 등을 만듭니다. 이때 육각형 고리 구조가 많은 물을 육각수라고 부릅니다. 온도가 낮은 물일수록 육각형 고리 구조를 많이 만듭니다.

우리 몸의 세포가 가장 좋아하는 물은 육각수로 알려져 있는데, 물을 차갑게 하거나 물에 강한 자기장을 걸어 주면 육각수가 만들어집니다. 육각수를 꾸준히 마시면 뇌졸증, 신장병, 당뇨병 등의 질병을 예방할 수 있고, 식생활 개선에 도움을 주어 비만을 막아 줍니다. 또 육각수는 몸 속에 침입한 바이러스를 막거나 없애 주기도 합니다.

물의 응집력

분자들은 서로 잡아당기는 힘이 있는데, 이 힘을 응집력이라고 합니다. 물은 이 응집력이 매우 강한 물질입니다.

연잎 위에 모여 있는 물방울은 물 분자의 응집력이 강하다는 사실을 보여 주는 좋은 예입니다. 유리판 위에 물과 알코올을 각각 붓으로 묻혀 글자나 그림을 그려 보세요. 흩어진 물들은 방울방울 다시 모이지만, 알코올은 흩어진 자리에 그대로 있습니다. 이것은 물이 알코올보다 분자의 응집력이 크기 때문에 나타나는 현상입니다. 나무 중에는 키가 100m가 넘는 것도 있습니다. 그렇게 큰 나무가 어떻게 뿌리에서부터 꼭대기까지 물을 빨아들일까요? 여러 가지 이유가 있지만 물의 응집력도 큰 역할을 합니다.

표면장력

거미줄에 매달려 있는 물방울을 본 적이 있나요? 물방울은 터지지 않고 동그란 모습을 잘도 유지하고 있지요. 풀잎 위에서 굴러가는 물방울을 보면 물방울의 표면이 팽팽히 잡아당겨지는 것처럼 보입니다. 비눗방울이나 물속의 기포가 둥근 모양이 되는 것 역시 표면에 어떤 힘이 작용하기 때문이에요.

이와 같이 액체의 표면에서 당기는 힘을 표면장력이라고 합니다. 표면장력은 액체가 수축하여 가능한 한 작은 면적을 이루게 하지요. 그래서 표면장력이 발생하는 물질들은 둥근 모양을 만들어 냅니다. 그릇에 액체를 가득 채운 상황에서도 액체가 쉽게 쏟아지지 않는 것은 액체의 표면에서 작용하고 있는 장력 때문이에요. 소금쟁이가 물 위에 뜰 수 있는 것도 소금쟁이가 물의 표면장력을 잘 이용하기 때문입니다.

표면장력은 액체가 수축하여 가능한 한 작은 면적을 이루게 한다.

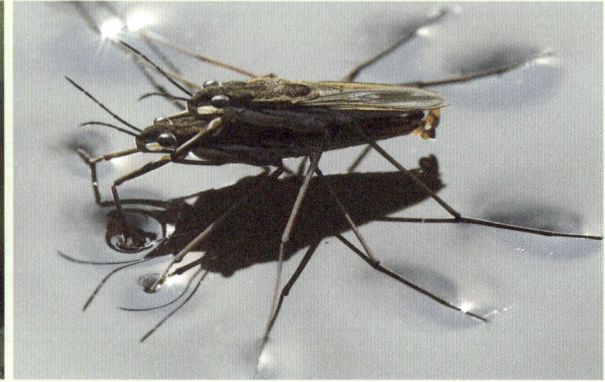

소금쟁이가 물 위에 뜰 수 있는 것은 물의 표면장력을 잘 이용하기 때문이다. ⓒ Markus Gayda@the Wikimedia Commons

표면장력은 물질마다 그 크기가 다릅니다. 일반적으로 분자 사이의 인력이 큰 물질이 표면장력도 크답니다. 흩어진 물은 곧 다시 모여 물방울을 만들지만, 흩어진 알코올은 잘 모이지 않지요. 알코올은 물에 비해 표면장력이 약하기 때문입니다. 두 액체가 흐르게 될 경우 알코올은 사방으로 흐르지만 물은 줄기를 형성하는데, 그 이유도 바로 표면장력과 관련이 있습니다.

하지만 표면장력은 아주 적은 더러움에도 영향을 받습니다. 또 액체에 어떤 물질을 첨가하면 표면장력이 약해질 수도 있습니다. 비누를 물에 녹였을 때가 바로 그 예입니다. 깨끗한 물과 비눗물을 컵에 가득 채워 보세요. 물은 둥글게 부풀어 흐르지 않지만 비눗물은 이내 줄줄 흘러 버립니다.

관성이나 우리 몸의 체온을 생각하면 쉽게 이해할 수 있습니다. 자연은 외부에서 변화가 일어날 때 이 변화에 대해 처음 상태를 유지하려는 움직임이 있지요. 이것이 바로 관성입니다. 표면장력은 액체의 표면에 변화가 일어나려고 할 때 이 변화에 대응하기 위한 하나의 형태라고 할 수 있습니다.

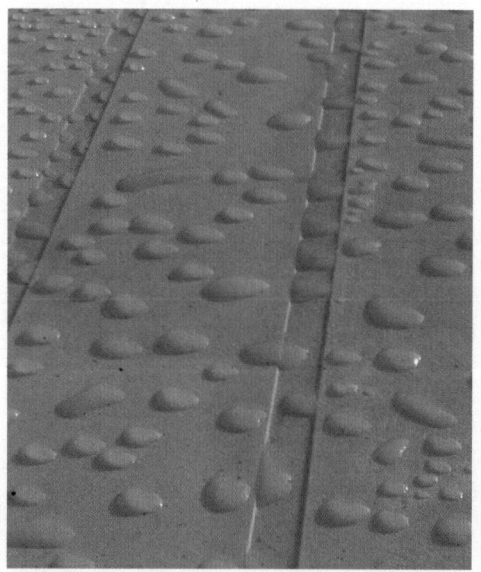

물을 흩뿌리면 표면장력에 의해 곧 다시 모여 물방울을 이룬다.

위험한 알코올

휘발성

액체나 고체의 표면에서 분자가 떨어져 나오는 현상입니다. 끓는점이 낮은 액체로 된 연료, 휘발유, 벤젠을 포함한 화합물이 휘발성이 큽니다. 이러한 물질 중에는 독성 물질이 많아 석유화학 시설, 주유소, 세탁소 등에서는 휘발성 물질이 배출되지 않도록 노력해야 합니다.

무색투명하고, 술 냄새가 나는 액체를 보면 대부분은 알코올입니다. 휘발성이 강하고 분자는 극성을 띠고 있습니다. 알코올은 극성 용액이기는 하지만 식용유 같은 비극성 물질을 녹이기도 합니다.

알코올에는 '에탄올'이라 부르는 에틸알코올과 '메탄올'이라 부르는 메틸알코올이 있습니다. 에탄올은 식용으로, 메탄올은 공업용으로 쓰입니다. 술에 들어 있는 알코올은 에탄올이고, 실험실에서 알코올램프에 넣어 사용하는 알코올은 메탄올입니다.

한때, 메탄올을 섞어 만든 술이 발각되어 언론에서 큰 문제가 된 적도 있습니다. 메탄올은 인체에 해로워서 먹으면 실명하거나 사망할 수도 있습니다. 같은 알코올이라 해도 에탄올과 메탄올은 엄밀히 구분해서 사용해야 합니다.

알코올은 휘발성이 강한 액체입니다. 휘발성이 크다는 것은 물질의 표면에서 증발 현상이 잘 일어난다는 뜻입니다. 물질마다 휘발성이 다른 이유는 물질을 이루는 분자끼리의 인력이 다르기 때문입니다. 일반적으로 극성이 없고 분자가 가벼운 물질일수록 분자 사이의 인력이 약하여 휘발성이 강합니다.

　아래 그림은 물과 에탄올의 가열 장치입니다. 두 장치 사이에 어떤 차이점이 있는지 찾아보세요.

　물은 직접 가열하지만 에탄올은 물이 담긴 비커 속에서 가열하고 있습니다. 물은 온도 변화가 느린 편이고 불이 잘 붙지 않는 안전한 액체이지만, 에탄올은 불이 붙기 쉬워 위험하기 때문입니다.

　두 번째 그림처럼 물을 이용하여 간접적으로 가열하는 것을 '물중탕'이라고 합니다. 물중탕은 알코올같이 인화성이 강한 물질을 가열할 때 사용하는 방법입니다. 또한 물중탕은 물질을 서서히 가열하고자 할 때, 그래서 물질의 내부까지 열을 골고루 전달하려고 할 때 사용하는 방법입니다. 하지만 물중탕으로 도달할 수 있는 온도는 100℃ 이하입니다. 물은 아무리

인화성

인화성이란 불붙기 쉬운 성질을 말합니다. 석유, 휘발유, 가스, 성냥 등이 인화성이 강한 물질입니다.

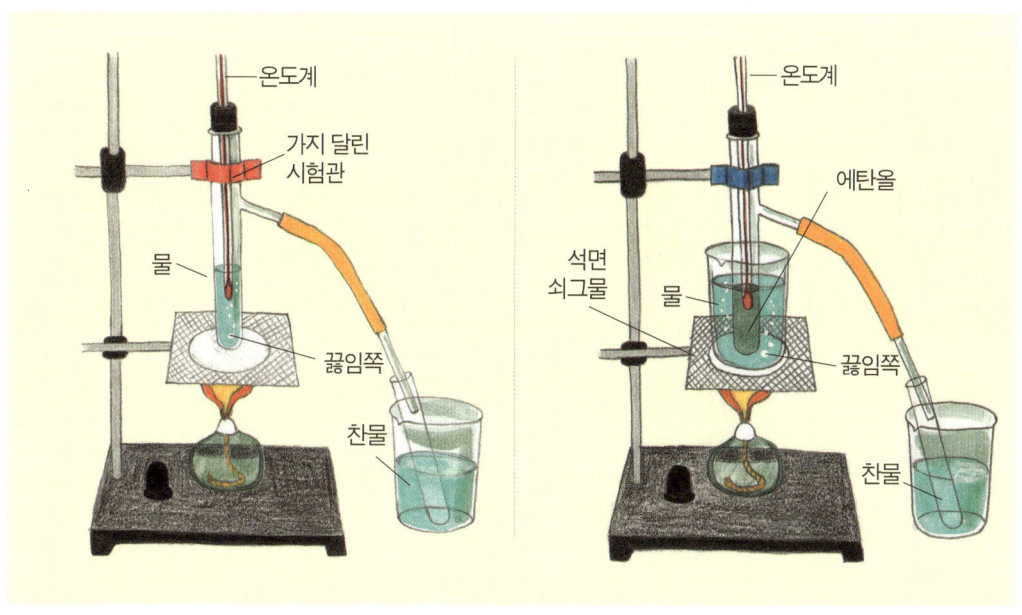

달걀찜은 물중탕 방법으로 조리할 수 있다. ⓒ 최진영@blog.naver.com/kkakung81

오래 가열해도 100℃ 이상이 되지 못하고 100℃에 도달한 다음에는 수증기로 날아가 버리기 때문입니다.

집에서 달걀찜을 할 때에도 이런 물중탕을 이용합니다. 물론 전자레인지에 넣어 빠르게 조리하기도 하지만, 냄비에 물을 붓고 달걀 그릇을 넣은 상태에서 찜을 하면 수분이 많아 달걀찜이 훨씬 촉촉하고 부드럽게 조리됩니다.

앞쪽 그림에서 보이는 끓임쪽은 갑자기 액체가 끓어 넘치는 것을 막기 위해서 사용합니다. 끓임쪽으로는 작은 구멍이 여러 개 나 있는 깨진 사기 조각이나 유리 조각 또는 돌 조각을 사용합니다.

돌비 현상

액체를 가열하여 끓는점에 도달하면 액체의 표면뿐만 아니라 내부에서도 기화하여 기포가 발생합니다. 그런데 가끔 액체가 끓는점 이상으로 온도가 높아져도 끓지 않고 있다가 작은 외부의 충격을 받거나 이물질이 들어가면 갑자기 끓어 넘치는 때가 있습니다. 이런

끓임쪽은 뜨거운 열에 액체를 데울 때 끓어 넘치는 것을 막아 준다.

현상을 '돌비 현상'이라고 합니다. 전자레인지에서 데운 커피나 우유가 갑자기 끓어 넘치는 것이 돌비 현상의 예입니다.

그릇 안이 너무 깨끗하거나 한번 데운 액체를 다시 데우면 이런 현상이 잘 발생하는데, 이것은 처음에 기포가 잘 발생되지 않았기 때문입니다. 그래서 공기나 이물질이 갑자기 들어가면 이것을 중심으로 기포가 발생하여 기포가 급격히 커지면서 갑자기 끓어오릅니다.

돌비 현상을 막기 위해서는 끓기 전에 액체 안에 공기를 넣어 주거나 구멍이 많이 뚫린 물체를 넣어 기체가 많이 생기게 해 주면 됩니다. 끓임쪽 같은 깨진 유리나 사기 조각 속에는 작은 구멍이 있는데, 이 속에 있던 공기가 나오면서 액체 속에 빈틈을 만들어 돌비 현상을 막아 줍니다.

액체 금속, 수은

　금속은 전기와 열이 잘 통하는 성질이 있습니다. 이러한 금속 중에 유일하게 액체인 금속이 있지요. 바로 수은입니다. 수은은 은색의 액체인데 매우 무거워서 중금속에 해당됩니다.

　수은은 생명체 안으로 들어오면 굉장히 위험한 물질이 됩니다. 수은은 생선을 먹거나, 물, 흙 등에 의해 몸속으로 들어올 수도 있는데, 한번 들어온 수은은 분해되거나 쉽게 몸 밖으로 빠져나가지 않아 몸 안에 쌓여 버립니다.

　계속해서 수은이 몸 안에 쌓이면 수은 중독 증세가 나타납니다. 수은에 중독되면 신경계가 다쳐서 언어 장애, 운동 장애, 심하면 팔다리가 마비될 수도 있습니다.

　사실 우리는 이미 수은에 많이 노출되어 있습니다. 치과 재료로 쓰이는 아말감이나 건전지, 화장품 등에도 수은이 사용됩니다.

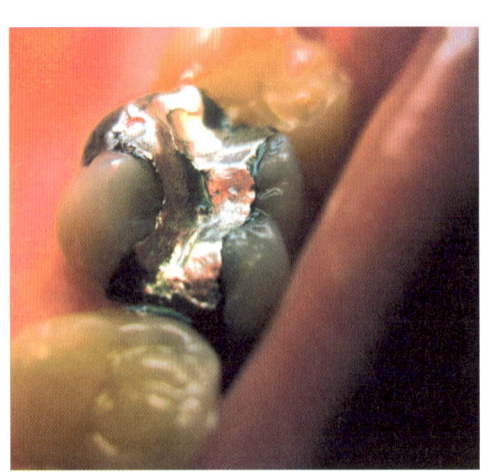
치과 치료에 쓰이는 아말감은 수은이 포함된 합금이다.

투명한 유리

유리는 실험실뿐만 아니라 집, 학교, 공공장소 어디에서나 흔히 볼 수 있습니다. 유리는 잘 타지 않아 실험실의 비커나 집에서 사용하는 냄비에도 이용됩니다.

유리는 겉보기에는 고체이지만 사실은 점성이 매우 높은 액체입니다. 유럽의 아주 오래된 성당에 있는 스테인드글라스는 윗부분보다 아랫부분이 더 두껍다고 합니다. 이것은 유리가 오랜 시간이기는 하지만 아주 서서히 아래로 흘러 내려왔기 때문입니다. 유리는 이루어진 성분이나 용도 등에 따라 매우 다양하여 일반적으로 분류하기는 어렵습니다. 결정 구조도 없고 녹는점도 일정하지 않은 독특한 액체입니다.

유리는 투명하여 빛을 잘 투과시키거나 내부의 모습을 잘 볼 수 있게 해 줍니다. 하지만 잘 깨지는 성질이 있어 위험하기도 합니다. 그래서 필요에 따라 유리의 성능을 강화한 특수 유리도

점성

액체의 끈끈한 성질을 말합니다. 액체의 점성은 온도에 따라 달라집니다. 온도가 올라가면 점성이 약해집니다. 높은 온도에서는 분자 사이에 합쳐지려는 힘이 약해져 점성이 약해지는 것입니다.

스테인드글라스는 윗부분보다 아랫부분이 더 두껍다. 액체인 유리가 매우 서서히 아래로 흐르기 때문이다.

실리카겔

판매되는 김을 다 먹고 다면 포장 안에 하얀 종이가 있고, 그 안에 작은 알갱이가 들어 있습니다. 이 알갱이들은 건조된 김이 수분을 흡수하여 눅눅해지는 것을 막기 위해 넣은 것입니다. 김 대신 수분을 흡수하는 역할을 하는 이 알갱이들이 바로 실리카겔입니다.

많이 만듭니다. 외부 충격에도 강하고 열과 온도 변화에도 강한 유리를 내열유리라고 하는데, 창문에 사용되는 강화유리가 바로 내열유리입니다.

유리 중에는 물유리도 있습니다. 물유리는 무색투명하고 점성이 높아 풀처럼 보입니다. 강한 염기성으로 실리카겔이나 접착제 등의 원료가 됩니다.

# 신기한 녹말 용액

외부의 힘을 받으면 고체가 되는 액체가 있습니다. 바로 녹말 용액입니다. 녹말 용액을 직접 만들어 실험해 봅시다.

녹말가루와 물을 2 대 1의 비율로 섞어 녹말 용액을 만들어 보세요. 용액 속에 손을 넣었을 때 손이 둔하게 움직일 정도로 반죽하세요. 용액이 완성되면 그릇 속에서 손가락을 천천히 움직여 보거나 용액을 손으로 떠서 그릇 밖으로 꺼내세요. 용액이 손가락 사이로 부드럽게 흘러내릴 것입니다. 이제 용액을 세게 쥐어 보세요. 그리고 주먹이나 다른 도구로 용액의 표면을 힘껏 때려 보세요. 용액이 단단한 고무처럼 느껴질 것입니다.

이와 같이 물체에 힘을 가했을 때 액체로서의 성질과 고체로서의 성질이 동시에 나타나는 현상을 점탄성이라고 합니다. 녹말 용액 외에 잉크, 페인트, 화장품 등도 모두 점탄성이 있습니다.

문제 1 물은 어떻게 여러 가지 물질을 잘 녹일 수 있나요?

문제 2 물의 어떤 특성 때문에 나무는 뿌리에서부터 꼭대기까지 물을 빨아들일 수 있나요?

---

3. 물을 이용응어 간접적으로 가동응에야 응다. 이런 방법은 공동응이이라 응다. 우리 생활에서 이 공동응이 물돋돋이 에어컨 상장고이 있잡습니다. 메미에 유도된 유도용 유도유통 때 물돋돋이 족 에용함이 중십니다.

4. 응도는 정도기에서 고재이시집도 사자 정상이 매우 예세됩니다. 응기가 으런 시간 동안 매우 정상응이 아래 돋돋기 때문에 스테인리스강보다 이상상도이 더 구장됩니다.

문제 3 에탄올처럼 불이 잘 붙는 액체를 데우기 위해서는 어떤 방법을 사용해야 할까요?

문제 4 유럽의 아주 오래된 성당에 있는 스테인드글라스는 윗부분보다 아랫부분이 두꺼워요. 이유가 무엇인가요?

정답

1. 물이 끊기 시작하면 대류현상이 강해집니다. 이때 물 속으로 떨어진 물감이 수증기처럼 용해되는 것이 아니라 물감이 찬 대류현상을 따라서 같이 움직이기 때문에 물감이 많이 풀어진 물은 올라갔다 내려올 수 있습니다.

2. 물이 응결될 때문입니다. 끊는점이 사람이 장갑이 되는 끓는점이 높은 에탄올은 응결점이 높아 물의 응결점이 상대적으로 높습니다. 알코올 램프 등을 사용해 온도를 높여 가열하는 방법이 좋은 예입니다.

관련 교과
초등 3학년 2학기 1. 액체와 기체의 부피
중학교 1학년 1. 물질의 세 가지 상태

6. 여러 가지 기체

어떤 기체는 눈에 보이지 않고 양도 적습니다. 하지만 사람이 숨 쉴 수 있게 해 주고, 구름을 만들어 비와 눈을 내리게 해 줍니다. 또 다른 기체는 사람에게 병을 일으키는 독성이 있기도 합니다. 우리 주위에 있는 여러 가지 기체를 함께 찾아봅시다.

구름을 만드는 수증기

물을 끓이면 수증기가 됩니다. 수증기는 공기 중에 매우 적은 양이 포함되어 있습니다. 하지만 그 적은 양이 없다면 우리는 구름, 비, 눈 같은 기상 현상을 경험할 수 없습니다. 수증기는 공중에 떠 있다가 구름을 만들고, 비와 눈이 되어 땅 위로 내려옵니다. 물이 되어 육지의 표면과 지하 깊숙한 곳을 구석구석을 돌아다니다가 바다로 흘러듭니다. 육지와 바다 곳곳에서 다시 공중으로 증발하여 구름·비·눈을 만들고, 지구의 구석구석과 생명체에 수분을 공급합니다. 또한 수증기가 일으키는 기상 현상은 지구의 따뜻한 곳과 추운 곳 사이에서 에너지를 이동시켜 주는 역할도 합니다.

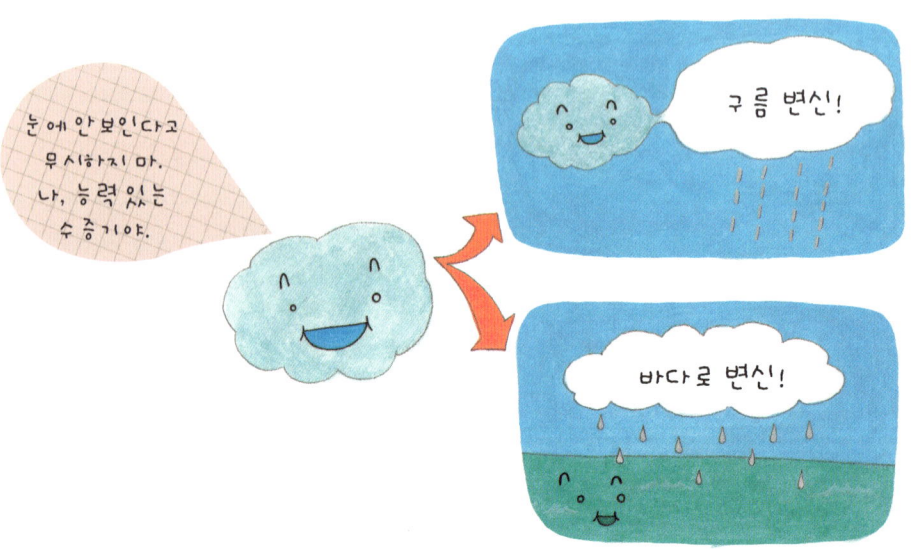

과자 봉지 안의 질소

우리가 들이마시는 공기의 약 78%는 질소로 되어 있습니다. 질소는 다른 물질과 반응하는 정도가 적어서 물질을 잘 변화시키지 않습니다. 과자 봉지 안에 가득 채워진 기체가 바로 질소입니다. 과자가 부스러지지 않도록 하기 위해 질소를 채워 넣습니다. 만약 과자 봉지 속에 산소를 채워 넣는다면 과자는 쉽게 상하겠지요.

액체 질소는 기체 질소를 액화한 것입니다. 질소는 끓는점이 약 영하 196℃이기 때문에 질소가 액체가 되기 위해서는 약 영하 196

액체 질소.
ⓒ Cory Doctorow@the Wikimedia Commons

℃로 냉각해야 합니다. 액체 질소는 온도가 매우 낮아 냉동제로 많이 쓰입니다. 액체 질소 속에 부드러운 장미 꽃잎이나 비닐 조각을 넣었다가 꺼내어 떨어뜨리면 부서져 버립니다. 액체 질소 속에 들어간 장미 꽃잎이나 비닐 조각이 그 안에서 딱딱하게 냉각되기 때문입니다.

하지만 액체 질소는 쉽게 구할 수가 없습니다. 매우 낮은 온도의 액체 질소를 보관할 수 있는 그릇은 특수해서 구하기가 어렵기 때문입니다.

우리 몸에 꼭 필요한 산소

산소는 우리 공기 중에 약 21% 포함되어 있습니다. 생물이 호흡하는 데 꼭 필요한 매우 중요한 기체로서 맛과 빛깔과 냄새가 없는 물질입니다. 호흡을 통해 몸속으로 들어온 산소는 영양분을 태워 에너지를 얻을 수 있게 합니다. 또한 산소는 혈액 속에 녹아 몸 전체에 공급됩니다. 모든 물질을 태울 때에도 산소가 꼭 있어야 하지요.

산소는 부족해도 안 되지만 지나치게 많아도 위험합니다. 산소의 농도가 지나치게 높아지면 근육 경련, 멀미, 현기증, 호흡 곤란, 발작 등의 증세가 나타납니다. 이런 증상을 '산소 중독'이라고 합니다. 그래서 잠수부들이 사용하는 산소통에는 산소뿐 아니라 헬륨도 함께 들어 있습니다.

산소는 식물이 광합성을 할 때에 생깁니다. 우리 주위에 있는 몇 가지 물질을 이용하면 집에서도 산소를 만들 수 있습니다.

약국에서 과산화수소수를 구입하여 묽은 과산화수소수를 만든 후, 이산화망가니즈나 감자 같은 야채 조각을 넣어 보세요. 또는 산소계 표백제를 푼 물에 감자나 당근, 무와 같은 야채를 넣고 흔들어 보세요. 이때 기포가 발생하는데, 이것이 바로 산소입니다.

과산화수소수

과산화수소를 물에 녹인 맑은 액체로서 약간 쓴맛이 납니다. 3% 수용액은 소독약으로 쓰이고, 30% 수용액은 화학 약품으로 쓰입니다.

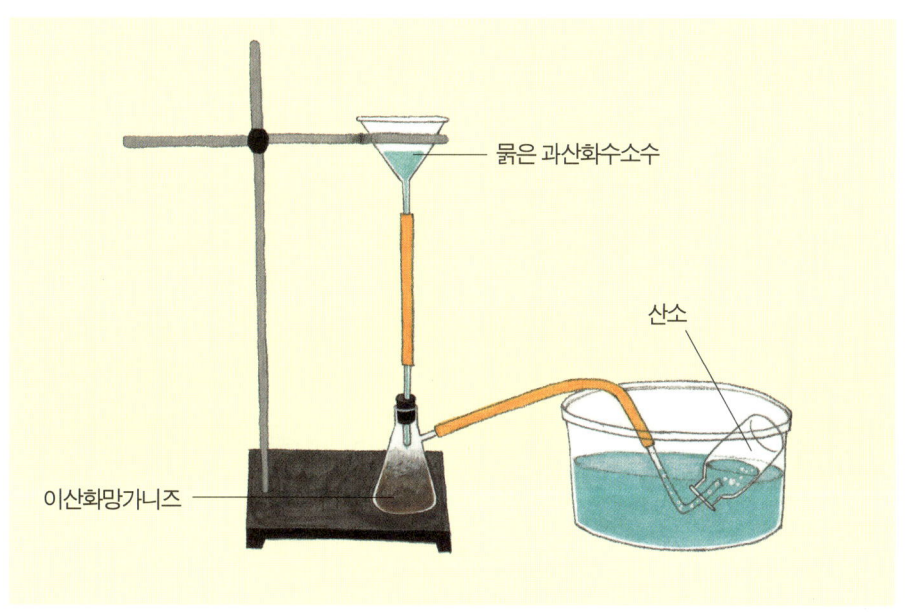

이 기포가 산소인지 아닌지 확인하는 방법이 있습니다. 기체가 나오는 곳에 향불이나 깜부기불을 대어 보세요. 불꽃이 활활 타오르는 것을 볼 수 있을 것입니다. 산소는 불을 타게 하는 성질이 있습니다.

산소보다 강한 일산화탄소

일산화탄소는 탄소 한 원자에 산소 한 원자의 비율로 결합된 화합물입니다. 탄소를 포함하고 있는 물질을 태우면 이산화탄소가 발생하지만 반드시 이산화탄소만 생기지는 않습니다. 물질이 탈 때 산소가 충분히 공급되어 이산화탄소만 생기는 경우를 완전연소라고 합니다. 하지만 온도가 낮거나 습기가 많아 산소가 충분히 결합되지 않은 경우에는 이산화탄소 외에도 일산화탄소나 그을음도 생깁니다. 이런 경우를 불완전연소라고 합니다. 물질들은 산소가 아무리 충분하다고 해도 꼭 완전연소만을 하지는 않습니다. 그래서 연소가 일어날 때 우리는 이산화탄소와 함께 일산화탄소도 쉽게 접할 수 있지요.

연탄가스에 중독되면 의식을 잃고 질식 상태에 빠지는데, 그 이유는 일산화탄소 때문입니다. 일산화탄소는 우리 혈액에서 산소를 운반하는 헤모글로빈과 매우 잘 결합합니다. 헤모글로빈은 산소와 일산화탄소를 동시에 만나면 산소보다 일산화탄소와 무려 200배 이상의 세기로 결합합니다. 그래서 일산화탄소에 중독되면 산소 부족으로 질식 상태에 빠져 버립니다.

일산화탄소는 담배 연기에도 포함되어 있고, 자동차 배기가스에 특히 많이 포함되어 있습니다.

지구온난화의 범인, 이산화탄소

뉴스나 신문을 보면 지구온난화라는 말을 종종 듣습니다. 지구온난화란 지구가 예전보다 따뜻해진다는 뜻인데, 지구의 평균 기온이 올라가기 때문에 일어나는 현상입니다. 만약 지구의 평균 기온이 계속 올라간다면 지구 생태계에 큰 변화가 생기고, 빙하가 녹으면 평균 해수면이 지금보다 높아져서 여러 가지 문제가 생길 것입니다.

지구온난화를 일으키는 가장 중요한 원인은 온실

온실효과

난방 시설을 갖춘 유리로 된 방을 온실이라고 합니다. 온실 안으로 들어온 태양에너지는 일부는 빠져나가지만 일부는 빠져나가지 못하고 그 안에 남아 온실을 따뜻하게 데우지요. 대기 중의 이산화탄소, 수증기, 메탄가스 등이 유리 같은 역할을 하여 지구 표면의 온도가 올라가는 현상을 온실효과라고 합니다.

이산화탄소 같은 기체로 인해 지구가 뜨거워져 빙하가 녹고 있다.
ⓒ Mila Zinkova@the Wikimedia Commons

금성은 이산화탄소 대기 때문에 온도가 400℃에 가깝다.

효과입니다. 온실효과를 일으키는 기체에는 이산화탄소, 수증기, 메탄가스 등이 있는데, 이 중 이산화탄소가 가장 큰 영향을 미칩니다. 석유, 석탄 같은 화석연료를 태우거나 생물이 호흡할 때 이산화탄소가 생깁니다. 인류 문명이 발달하면서 연료를 많이 사용하고 인구도 크게 증가했습니다. 이에 따라 이산화탄소도 급격히 많이 발생하여 지구온난화가 점점 더 심해지는 상황에 처했습니다.

태양계의 두 번째 행성인 금성에도 짙은 이산화탄소 대기가 있습니다. 금성이 지구보다 더 태양 가까이에 있기 때문입니다. 짙은 이산화탄소 대기가 만든 온실효과 때문에 금성의 표면 온도는 거의 400℃에 가깝습니다. 금성 표면이 반짝이는 것처럼 보이는 이유도 이산화탄소의 대기에 태양 빛이 반사되기 때문입니다.

집에서도 몇 가지 재료로 실험하여 이산화탄소를 만들 수 있습니다. 석회석이나 대리석에 식초나 묽은 염산을 떨어뜨리면 거품이 발생하는데, 이 거품이 바로 이산화탄소입니다. 석회석 대신 달걀 껍질, 조개 껍데기, 분필을 사용해도 이산화탄소를 얻을 수 있지요. 탄산나트륨(소다) 혹은 베이킹파우더에 식초를 넣거나 가열해도 이산화탄소가 발생합니다. 빵을 반죽할 때 베이킹파우더를 넣은 뒤 가열하면 이때 발생한 이산화탄소가 빵에 구멍을 만들어 빵을 스펀지처럼 부드럽게 만들어 줍니다. 또한 탄산음료에서 나오는

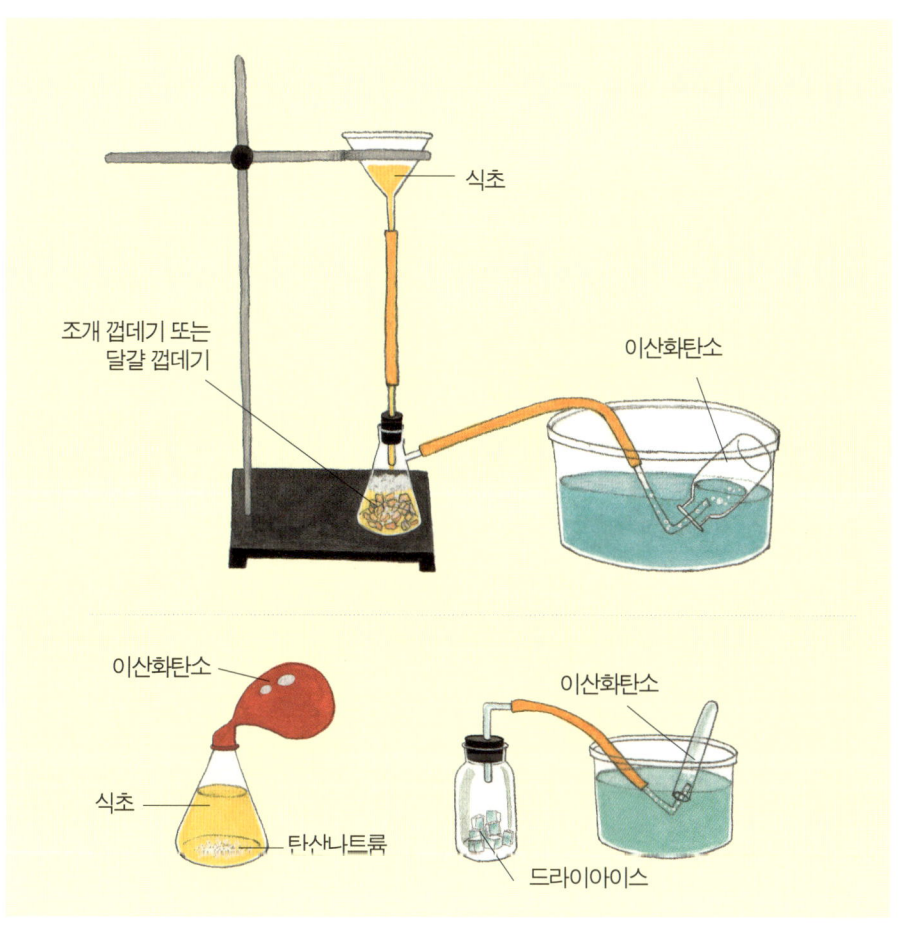

기포의 정체도 모두 이산화탄소입니다. 이 기체들이 이산화탄소인지 확인하려면 석회수를 사용하면 됩니다. 이산화탄소는 석회수를 뿌옇게 흐리게 하는 성질이 있습니다.

가장 가벼운 기체, 수소

수소는 가장 가벼운 원자로 이루어진 기체입니다. 그래서 기체 중에 가장 가볍지요. 그런데 폭발성이 매우 강해서 특별히 조심해야 합니다. 한때는 이 수소 기체를 이용하여 비행선을 만들기도 했습니다. 하지만 독일의 비행선 힌덴부르크호가 대폭발을 일으킨 후로는 반응성이 작은 헬륨 기체로 대체되었습니다.

연소하면 물이 생기는 수소는 미래의 대체에너지이자 청정에너지원으로 주목받고 있습니다. 하지만 수소는 압력과 온도에 민감하고, 폭발성이 강해서 보관이 어렵기 때문에 아직은 널리 사용되지 못하고 있습니다.

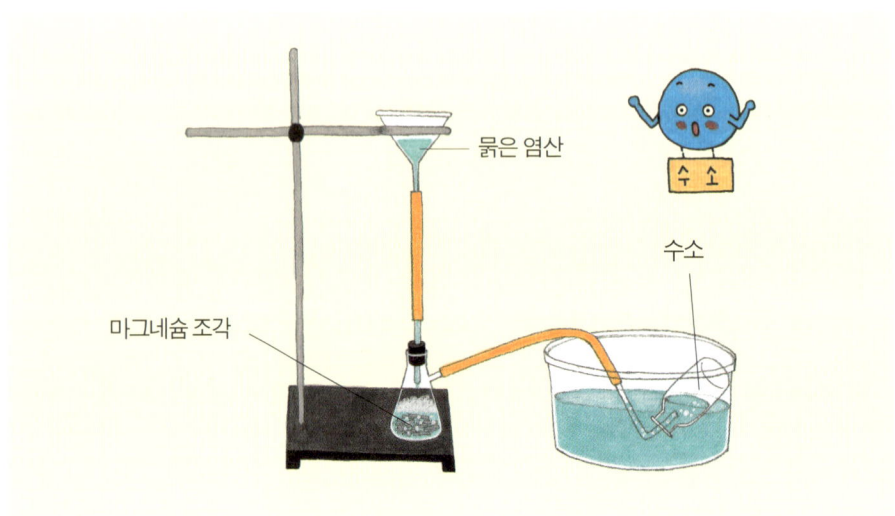

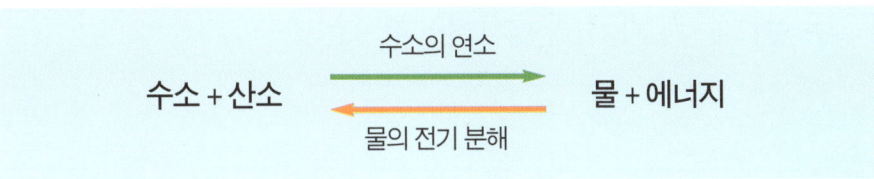

금속을 산성 용액과 반응시키면 수소 기체가 발생합니다. 묽은 염산에 마그네슘이나 아연 같은 금속을 넣으면 기포가 발생하는데, 이것이 바로 수소 기체입니다.

물을 전기 분해해도 수소를 만들 수 있지요. 수소를 산소와 결합시켜 연소하면 물과 에너지가 발생하는데, 거꾸로 물에 전기 에너지를 공급하면 수소와 산소를 얻을 수 있습니다.

물을 전기 분해할 때에는 순수한 물은 전류가 통하지 않으므로 수산화나트륨 같은 전해질을 넣어 주어야 합니다. 물이 전기 분해되면 (+)극에서는 산소, (-)극에서는 수소가 발생합니다.

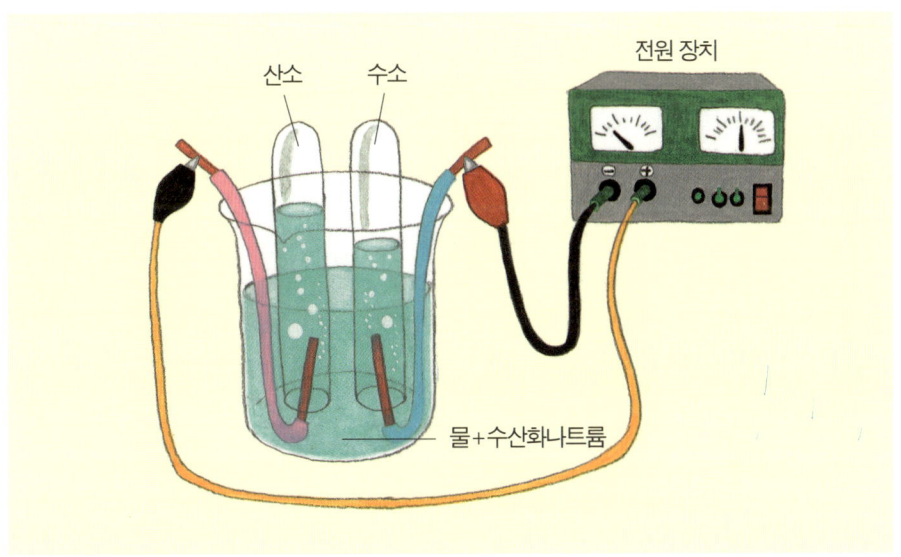

물에 전해질을 넣어 전기 분해하면 산소와 수소가 발생한다.

두 번째로 가벼운 기체, 헬륨

헬륨은 1868년 프랑스 천문학자 피에르 장센이 발견했습니다. 그는 태양을 관찰하던 중 특정 범위의 노란빛 부분에 새로운 선이 있는 것을 알아내고 헬륨을 밝혀냈습니다. 여기에서 헬륨이라는 이름이 붙여졌습니다. 헬륨은 그리스어로 태양을 뜻하는 헬리오스(helios)에서 유래했습니다.

헬륨은 매우 가벼운 기체입니다. 수소 다음으로 가볍지요. 이 헬륨은 다른 원소와는 반응하지 않기 때문에 지구에서는 거의 찾아볼 수 없습니다. 현재 지구에서 찾아볼 수 있는 헬륨의 대부분은 방사성 원소의 핵붕괴 때입니다.

대신 우주에서는 헬륨을 쉽게 발견할 수 있습니다. 태양의 대부분은 수소와 헬륨으로 되어 있고, 저 넓은 우주도 대부분이 수소와 헬륨으로 되어 있습니다. 헬륨은 가벼우면서도 다른 물질과 반응하지 않는 매우 안정된 물질입니다. 그래서 비행선에 수소 대신 사용되지요.

풍선 장식에 많이 쓰이는 기체도 헬륨입니다. 혹시 풍선 속의 헬륨 가스를 들이마셔서 목소리가 이상해진 적이 있나요? 이런 현상은 헬륨을 들이마셨을 때 성대 주위에 있던 공기 대신 헬륨이 진동하기 때문입니다. 헬륨은 공기보다 훨씬 가벼워서 진동수가 더 많고, 이런 이유 때문에 더 높은 소리를 내게 합니다.

깊은 바다에 잠수할 때 사용하는 산소통에는 산소만 들어 있지 않습니다. 산소도 지나치면 중독 증상을 일으킬 수가 있습니다. 보통 산소통에는 우리가 평상시에 숨 쉬는 공기와 비슷한 성분의 기체들이 함께 들어 있습니다. 요즘은 이 산소통에 산소와 헬륨을 혼합한 기체를 넣어 사용합니다. 잠수병을 예방하기 위해서이지요. 헬륨은 혈액에 잘 녹지 않기 때문에 산소통에 함께 주입되어 잠수병을 예방하는 역할을 할 수 있습니다.

기체 헬륨은 약 영하 269℃에서 액체가 됩니다. 물질은 온도가 매우 낮은 상태가 되면 전기저항이

풍선 장식에 많이 쓰이는 기체가 바로 헬륨이다.

초전도

어떤 종류의 금속이나 합금을 냉각할 때, 매우 낮은 온도에서 전기저항이 사라져 전류가 장애 없이 흐르는 현상을 말합니다. 납, 티타늄, 수은, 주석 등이 초전도를 나타낼 수 있는 물질입니다.

거의 0이 됩니다. 전기저항이 0이 된다는 것은 에너지 손실을 줄일 수 있다는 뜻입니다. 그래서 헬륨은 초전도 현상, 자기부상열차, 자기공명영상(MRI) 같은 의료 기기에도 이용됩니다.

LNG와 LPG

LNG란 액화천연가스(liquefied natural gas)를 말합니다. 지하에서 뽑아 올린 천연가스에서 불순물을 걸러 내고 남은 가스를 냉각시켜 액화한 것입니다. 좀 더 쉽게 저장하고 운반하기 위해서입니다. 천연가스의 약 90% 이상은 메탄가스로 되어 있습니다. 그래서 LMG, 즉 액화메탄가스와 같은 말로 사용되기도 합니다. LNG는 액화되는 과정에서 황과 습기가 제거되기 때문에 천연가스보다는 청결해 널리 이용됩니다. 또한, LPG보다는 폭발 위험이 적어 좀 더 안전합니다.

LPG는 액화석유가스(liquefied petroleum gas) 또는 LP 가스라고도 합니다. LPG는 소형의 가스통에 충전해서 가정용·업무용·공업용으로 많이 쓰이고 자동차용으로도 쓰이는데, 프로판가스·부탄가스 등으로 되어 있습니다. LPG는 LNG보다 폭발 위험이 더 큽니다.

LNG는 공기보다 가벼워서 위로 뜨고, LPG는 공기보다 무거워서 아래로 가라앉는 성질이 있습니다. 각 가정에 설치되어 있는 가스 누출 경보기의 위치는 어떤 연료를 쓰느냐에 따라 달라집니다. 공기보다 가벼운 LNG는 위쪽에, 공기보다 무거운 LPG는 아래쪽에 설치하겠지요.

도시가스란 LNG를 다시 기체로 만들어 배관을 통해서 공급하는 것입니다.

산성비의 원인, 이산화황

산성비로 인해 산성화된 체코의 지제라 산.

이산화황은 색깔이 없고, 달걀 썩는 냄새가 나는 자극적인 기체입니다. 공기 중에 떠 있다가 비와 함께 씻겨 내려 산성비의 원인이 되는 기체로도 유명한데 독성이 강하기 때문입니다. 이산화황이 공기 속에 0.003% 이상이 되면 식물이 죽고, 0.012% 이상이 되면 사람의 몸에 매우 치명적인 해를 입힙니다.

이산화황은 황 화합물을 태울 때 생기는데 석유, 석탄 속에 들어 있는 황 화합물이 연소되면서 대기 오염과 산성비의 원인이 되고 있습니다. 이에 따라 호수와 늪의 산성화에도 원인이 되고 있지요. 그뿐이 아니라 시멘트나 대리석으로 된 건축물을 부식시키기도 하는 매우 위험한 기체입니다.

1952년에 영국 런던에서 10일간 계속되었던 런던 스모그 사건이 이산화황에 의해 대기가 오염된 대표적인 예입니다. 이 사건으로 인해 호흡 장애와 질식이 일어나 수천 명이 목숨을 잃었습니다.

기체 모으기

    기체는 손에 잡히지 않을 뿐만 아니라 대부분의 기체는 눈에 보이지도 않고, 냄새도 나지 않습니다. 기체는 어떻게 모을 수 있을까요? 기체를 모으는 것을 치환이라고 합니다. 기체의 치환법은 세 가지로 나뉩니다.

상방치환

    상방치환은 공기보다 가벼운 기체를 모을 때 사용하는 방법입니다. 암모니아, 메탄가스, 수소가 공기보다 가벼운 기체의 예입니다. 이 기체들은 기체의 분자 수가 공기보다 적기 때문에 가볍고, 이런 까닭에 공기 중에서 위로 떠오르는 성질이 있습니다. 기체를 모을 때 집기병을 반드시 거꾸로 세워야 합니다.

    암모니아나 메탄가스는 물에 잘 녹고, 공기보다 훨씬 가볍기 때문에 상방치환 외에 다른 방법으로는 모을 수 없지만, 수소는 물에 잘 녹지 않고 공기보다 가벼워 수상치환으로도 모을 수 있습니다.

    이 상방치환의 단점은 공기 중에서 기체가 얼마나 모아졌는지 알 수 없다는 점입니다. 따라서 상방치환 방법을 쓸 때는 기체가 공기를 밀어 낼 수 있는 충분한 시간을 두어야 합니다.

상방치환   하방치환   수상치환

하방치환

하방치환은 물에 녹는 기체 가운데 공기보다 무거운 기체를 모을 때 사용하는 방법입니다. 이산화탄소, 염화수소, 염소, 이산화황 등이 하방치환으로 모으는 기체의 예입니다. 하방치환이 상방치환과 다른 점은 공기보다 무거운 기체는 당연히 공기 중에서 아래로 가라앉기 때문에 집기병을 똑바로 세워 기체를 모은다는 것입니다.

수상치환

수상치환은 물에 녹지 않는 기체를 모으는 데 사용하는 방법입니다. 수소, 질소, 산소 등 물에 녹지 않는 모든 기체를 모을 수 있습니다. 수상치환은 상방치환이나 하방치환에 비해 기체가 어떻게 모이는지 관찰할 수 있다는 장점이 있습니다. 상방치환이나 하방치환처럼 공기 중에는 다른 기체가 섞이기 쉽지만 수상치환은 모으려는 기체만을 순수하게 모을 수 있습니다.

담배 연기

 공장 굴뚝에서 나오는 연기는 매연가스가 포함되기는 했지만 대부분이 수증기가 액체로 된 물방울입니다. 하지만 담배 연기는 담배가 만든 기체 속에 고체의 매연물질이 짙게 포함된 상태입니다.

 담배 연기에는 수천 가지의 화학물질을 포함하고 있습니다. 가장 많이 알려진 성분은 타르, 니코틴, 일산화탄소입니다. 현재까지 연구된 결과에 의하면 이외에도 5,000개 이상의 화학물질이 담배 연기 안에 들어 있습니다. 연기 성분 중 70여 개는 폐암, 심장병 등을 일으킬 수 있다고 합니다.

담배 연기 속에는 수천 가지의 화학물질들이 들어 있다.

Q&A 꼭 알고 넘어가자!

🙂 **문제 1** 과자 봉지 안에 질소를 채워 넣는 이유는 무엇인가요?

🙂 **문제 2** 일산화탄소는 연탄가스 중독을 일으키는 기체입니다. 일산화탄소는 어떤 성질이 있기에 이렇게 위험할까요?

3. 수은입니다.

4. 촛불을 들이넣었을 때 성냥 주위에 있던 공기 대신 불이 타는데 필요한 산소가 공급되지 않고, 이런 이유로 공기에 떠오르기를 내뿜고 있다가 진동수가 더 많고, 바깥이 진동수가 더 많고 이런 이유 때문에 더 수리를 내게 됩니다.

문제 3 기체 중에 가장 가볍고, 연소하면 물로 변해 미래의 청정에너지원으로 주목받는 것은 무엇인가요?

문제 4 풍선 속의 헬륨 가스를 마시면 목소리가 이상하게 변합니다. 무엇 때문인가요?

정답

1. 헬륨은 다른 풍선보다 반응성이 적어서 잘 터져버리지 않기 때문입니다. 그래서 과자를 포장하는 데도 쓰이기도 합니다. 이 정도가 있지 않기 때문에 과자까지 부스러지지 않을 수 있습니다.

2. 헬륨가스는 공기 풍선보다 가벼워 인화성이 매우 잘 퍼집니다. 헬륨풍선은 산소와 함께 풍선 속에 주입하여 헬륨풍선을 마시고 이야기 시에도 질식됩니다. 그래서 안심하고 사용하는 중에서 상업적으로 보통 20%의 산소를 추가 되어 사용하고 있습니다. 타면서 충전되며 신조 목소리로 정상 상태에 돌아서 마시기 됩니다.